杨建邺 著

华中师范大学出版社

**图书在版编目(CIP)数据**

杰出科学家的失误. 下册/杨建邺 著. —武汉:华中师范大学出版社,2017.4(2022.12 重印)

ISBN 978-7-5622-7748-4

Ⅰ.①杰… Ⅱ.①杨… Ⅲ.①科学知识—中小学—课外读物 Ⅳ.①G634.73

中国版本图书馆 CIP 数据核字(2017)第 071756 号

出　　版:©华中师范大学出版社
社　　址:湖北省武汉市珞喻路 152 号　　编　　邮:430079
编 辑 室:基础教育分社　　责任编辑:王静宜　张　桐　刘满元
责任校对:肖绪旭　　封面设计:武汉浩艺
电　　话:027—67863040(市场部)　027—67862387(编辑部)
传　　真:027—67863291　　邮　　购:027—67861321
网　　址:http://press.ccnu.edu.cn
电子信箱:press@mail.ccnu.edu.cn
印　　刷:湖北画中画印刷有限公司　　督　　印:刘　敏
字　　数:196 千字
开　　本:890mm×1240mm　1/32　　印　　张:9.5
版　　次:2017 年 4 月第 1 版　　印　　次:2022 年 12 月第 2 次印刷
定　　价:24.00 元

# 前言

QIAN YAN

我们都知道，首创精神是科学研究活动最根本的要求；没有首创精神，就没有科学的存在，当然也就更谈不上科学的发展。但是，首创精神与错误、失败又是紧密相连的。这是因为只有探索别人从来没有或不敢探索的问题，提出别人没有或不敢提出的新见解，才能称得上具有首创精神。在进行这样的探索活动时，没有先例可循，有时甚至要打破旧框框，为后人提供一个崭新的框架，试想怎么可能避免错误和失败呢？这正像一个人在漆黑的夜晚摸索于崎岖的山路上，他怎么可能不被石头绊一下或跌一跤呢？就是跌得鼻青脸肿、头破血流也不是什么很奇怪的事，除非他干脆屈膝抱头，在山缝里坐等天明。

谨小慎微、害怕担风险、人云亦云的"科学家"，固然不会犯什么错误，但也不会有所发现，有所发明，有所创造。苏联著名物理学家米格达尔说得好，如果从来没有做过一件错误的工作可以算是一个科学家的认真负责的话，那也可以简单地证明这位科学家缺乏勇气和首创精神。

纵观整个科学史我们就会发现,其中不仅包含令人叹为观止、夺目耀眼的成果,而且也包含有不少的错误和失败。英国物理学家开尔文一语道破此中真谛,他说:

“我坚持奋斗五十五年,致力于科学发展,用一个词可以道出我最艰辛的工作特点,这个词就是‘失败’。”

其实,科学史上科学家所犯的各种错误和所遭受的失败,不仅在内容上丰富多彩、引人入胜,而且就其对后人的启发性而言,比成功史还更胜一筹。对此,英国著名化学家戴维就曾感触至深地说:

“我的那些最重要的发现是受到失败的启发而获得的。”

所以,我们实在很有必要对科学家的失败事例,作一番深入细致的研究。美国生理心理学家、美国心理学会前主席米勒(Miller N E)也曾尖锐地指出:

“已经发表的研究报告都是根据事后的认识写成的。为了节省杂志的篇幅(或许是为了面子),他们忽略了开始时在黑暗中的探索和尝试,由于失败而放弃的所有的尝试几乎都没有被提起。因此,他们描述的图景未免过于规律,过于简单,容易使人产生误解,其作用实际是把科学的前沿推进到毫无知识的领域。”

在任何时代和任何研究中,只要把研究的对象罩上一层紫蓝色神秘的光彩,都会无一例外地给人们带来遗憾、偏见和误解。由此可知,对失败案例的研究是多么不可缺少!实际上,研究失败案例,素来为科学大师所重视。伟大的英国物理学家麦克斯韦说得好:

“科学史不限于罗列成功的研究活动。科学史应该向我们阐明失败的研究过程,并且解释,为什么某些最有才干的人们未能找到打开知识大门的钥匙,而另外一些人的名声又如何大大地强化了他们所陷入的误区。”

美国著名生物学家和科学史家迈尔(Mayr E)在他的巨著《生物学思想的发展》一书中指出:

“历史所表现出来的不仅是解决问题的成功的尝试,还有不成功的努力。在处理科学领域的重大争论的时候,要努力去分析争论对手用来支持相反理论的思想、观念(或信条)以及具体证据。”

他还深刻地指出:“只有通过学习这些概念形成所经历的艰难道路,学习早先的错误假定怎样一个一个地被否定,换句话说,就是要学习过去的所有错误,才有可能获得真正透彻和完满的理解。在科学中,人们不仅通过自己的错误的历史进行学习,而且也通过别人的错误的历史进行学习。”

我非常赞同米勒、麦克斯韦和迈尔的观点,因此早就有心在这方面做一些尝试。本书汇集了作者多年来的研究成果,现在能够奉献给大家,感到由衷的高兴。我们希望读者能够从本书几十例科学家的失误中,得到两方面的收益、启发。一方面,即使是杰出的科学家,像伽利略、牛顿、林奈、居维叶、高斯、欧拉、麦克斯韦、爱因斯坦这些巨匠,也同样会犯错误。可以肯定地说,任何一位杰出的科学家的科学探索,都绝不只是成功的记录;他们一生中所经历的失败肯定比他们获得的成功更多。他们之所以能最终获胜,是他们在经历失败的痛苦煎熬时,从不失望、从不气馁。这就是他们成功的奥秘所在!另一方面,失败固然在所难免,但通过对历史上失败事例的研究,我们可以总结出前人失败的经验和教训,以便在今后从事科学探索时作为借鉴,以减少一些可以避免的错误和失败,我想,这是完全可以做到的。

如果这本书果真能使读者有所裨益,并由此受到激励,立志为人类壮丽的科学事业贡献自己的智慧和力量,那我就会感到由衷的满足了。

# 目　录

# 数　学　家

# 欧拉留下的遗憾

他只有停止了生命，才能停止计算。

——康多塞

数学上有多少方程、定理、公式……是用欧拉命名的？恐怕谁也说不出一个准数。我们随手拈几个来就有：欧拉变换、欧拉常数、欧拉定理、欧拉定律、欧拉动力学定律、欧拉法、欧拉方程、欧拉曲率公式、欧拉图、欧拉线、欧拉坐标、欧拉相关、欧拉角、欧拉力、欧拉函数、欧拉积分、欧拉运动方程……

啊呀，这位欧拉可真了不得！可不是吗？有一件趣事，更足以证明欧拉的伟大。人们为了纪念这位叱咤数学界几十年的风云人物，曾把他同阿基米德、牛顿、高斯等人合称为“数学界四杰”。但有一位著名数学家说：

“不！欧拉应该称为数学英雄！”

这位数学家认为欧拉在四个人当中是最顶尖的。下面我们就简单介绍一下这位“数学英雄”欧拉。

## （一）

1707 年 4 月 15 日，列昂哈德·欧拉（Euler L，1707—1761）出生于瑞士第二大城市巴塞尔。他的父亲是一位穷牧师。家庭虽然穷，但因为是牧师家庭，这使得他能进入令一般人神往的学校。父亲见小欧拉聪明过人，于是对他寄托了莫大的希望，希望他能飞黄腾达、荣耀门庭。但小欧拉却常常提出一些奇怪的问题，让做父亲的十分担心。小欧拉像每一个小孩一样，当抬头仰望夜空时，那闪耀的群星总会引起他无限的遐思，思绪不由自主地在宇空翱翔。他问父亲：

“天上有多少星星呀？”

父亲耸了耸肩，漫不经心地回答：

“有多少颗星星这无关紧要，重要的是，我们应该知道那些星星是上帝一颗一颗地镶上去的。”

“那么，上帝既然一颗一颗地镶上去，他就该知道有多少颗星星了。”

这些问题是不能多问的，父亲不免担心地瞧着小欧拉。父亲的担心，果然被印证了。校长因为小欧拉经常提出一些犯禁忌的问题，将他从学校除名，以免这些不祥的问题蛊惑人心。父亲十分沮丧，只好让小欧拉在家中帮他做点杂事。未来一片黯淡，有什么办法呢？

但出乎意料的事发生了：有一天，巴塞尔大学数学教授约翰·伯努利（Bernoulli J，1667—1748）来找欧拉的父亲，他早已听说小欧拉有非凡的数学天分，因此想亲自看一看。伯努利家族在欧洲科学界威名赫赫，先后出了八九位著名的数学家，而且这个家庭的人特别注重选拔、培养人才。约翰听说小欧拉竟然能够解决难度不小的“围篱问题”，不觉心动了——如果真是天才，可不能埋没了！

事情是这样的，有一天欧拉的父亲想围一个羊圈，羊圈长40英尺，宽15英尺，面积当然就是600平方英尺；显然，这需要110英尺篱笆才能围住。但他却只有100英尺篱笆，这可让他犯愁了。小欧拉当他的帮手，见父亲犯愁，就问他愁什么。父亲不耐烦地说：

“大人的事，你小孩子多问些什么呀。”

小欧拉不罢休，最后总算知道父亲愁什么。他仰头想了一会，又在地上用树枝画了一些什么，然后对父亲说：

“爸爸，您可以把长宽都定为25英尺，那羊圈面积成了625平方英尺，比您设计的还大了25平方英尺，但篱笆却只要100英尺，您就不用愁了！”

父亲听儿子这么一说，不禁喜从心来：儿子还真不同一般呢！从此他逢人便谈儿子的“奇思妙想”。约翰后来也听说了，于是决心见一见小欧拉。约翰见到小欧拉，就亲切地问他在想些什么。小欧拉兴奋地说：

“我在想，6这个数可以分解成1，2，3，6这4个数，把前面的3个数1，2，3加起来正好等于最后的一个数6；还有一个数是28，它可以分解为1，2，4，7，14，28这6个数，把前面的5个数1，2，4，7，14加起来，又正好是最后面的一个数28。约翰先生，请问这种奇妙的数除了这两个以外，还有吗？”

约翰听完小欧拉的问题，不由大吃一惊：这两个数6和28在数学上称为“完全数”；到底有多少个完全数，这可是迄今没有解决的一个难题。现在，这个难题竟然被一个小孩子提出来了，真是不可思议！约翰先生看着小欧拉闪耀着智慧之光的眼睛，心中暗自决定：一定要帮助、培养这个有极大天分的孩子，不能让明珠埋在黄土地里了！

小欧拉的命运发生了奇迹似的改变，而在不久的未来人类中就将出现一颗明亮的数学新星。

1720 年，在约翰教授的极力推荐和支持下，13 岁的欧拉以破天荒的年龄进入了巴塞尔大学。当校长反对约翰教授的推荐时，约翰教授争辩说：

“对于天才，年龄不能成为入大学的一种限制，校长先生。如果由于我们的疏忽，埋没了一位天才，让数学天空的一颗明亮的星成为稍纵即逝的彗星，那不是我们的奇耻大辱吗？不，那简直是犯罪。先生，是的，是犯罪。”

进了大学以后，欧拉过着如鱼得水的青春年少的书生生活。欧拉和伯努利一家来往十分密切，实际上伯努利家的成员，已经把欧拉看成是他们家的一员了。其中尼古拉·伯努利(Bernoulli N，1695—1726)、丹尼尔·伯努利（Bernoulli D，1700—1782）和欧拉年龄差不多，他们之间的关系也最好，可以说是亲如手足。

1725 年，尼古拉和丹尼尔同时到俄罗斯圣彼得堡科学院工作。当时俄罗斯女王叶卡捷琳娜一世继承彼得大帝的遗愿，决心振兴俄罗斯的科学事业，建立圣彼得堡科学院，重金聘请欧洲各国知名科学家到设备极为优良的科学院工作。尼古拉和丹尼尔那时已是欧洲数学界赫赫有名的人物，因而被聘为圣彼得堡科学院院士。

谁知祸从天降，风华正茂的尼古拉到了俄罗斯后仅仅一年，竟然病得不能起床。当尼古拉因病入膏肓而离开人世后，卡德琳娜女王召见丹尼尔，请他再推荐一位数学家来接替已故的尼古拉空出来的位子。丹尼尔提出可由欧拉前来顶替。

“欧拉今年 19 岁，巴塞尔大学硕士，不久前因为一篇论文得过巴黎科学院奖金。”

女王似乎不大相信丹尼尔的推荐。心想，一个 19 岁的年轻人竟然被聘到俄罗斯最好的科学院来，岂不让人讥笑？丹尼尔是何等聪明的人，他立即明白了女王的想法，说：

“女王陛下，如果您能聘用他，使他有优越的研究条件，他日后一定会超过我们整个伯努利家族！陛下千万不要失去良机！”

女王十分感佩于丹尼尔的举贤若渴的无私精神，于是同意聘请欧拉。欧拉遂于 1727 年来到圣彼得堡，此后一直工作到 1741 年；1766 年他又回到圣彼得堡科学院，直到 1783 年离开人世为止。前后他在俄罗斯工作了 31 年。

当 1766 年他回到俄罗斯时，他由于过分操劳的原因而双目失明。但他却奇迹般地在这种极端可怕的 17 年里，一刻也没有停止工作，仍然发表了 400 多篇论文和一些专著。这真是奇迹！任何其他人如果一生能有他双目失明后 17 年中发表论文的四分之一，就会闻名世界！

1783 年 9 月 18 日，他正在计算前两年被赫歇尔发现的天王星的运行轨道，突然他手中的烟斗落到地上，他喃喃低语道：

“我死了……”

76 岁的欧拉停止了呼吸，一代巨星就此陨落。

欧拉一生给人类留下了数量惊人的科学著作，据统计有886 部（篇）书籍和论文，其中既有数学中各个领域的著作，还有物理学、天文学、弹道学、航海学和建筑学等领域深入的研究成果。圣彼得堡科学院后来为了整理他的著作，竟然用了整整 47 年时间！创作这么巨大数量的著作，该需要他花费多大的精力！难怪法国数学家康多塞怀着崇敬的心情叹息说：

“他只有停止了生命，才能停止计算。”

欧拉不仅多产，而且在每一个领域里都有深刻的、卓越的创见，连后来德国的“数学王子”高斯都由衷钦佩地说：

“学习欧拉的著作，乃是认识数学的最好途径，没有什么别的可以代替它。”

拉普拉斯更是谆谆教导他的学生说：

“读读欧拉的著作，读读欧拉的著作，他是我们大家的老师。”

后辈对欧拉非凡的天才也发表过无限感慨的惊叹。著名的法国物理学家阿拉果赞叹地说：

“欧拉对于计算好像一点也不费力，正如人呼吸空气、老鹰乘风飞翔一样。”

欧拉的一位学生在回忆一段往事时感慨万端地说：

“……我和另一位同学把一个十分复杂的收敛级数逐项写出来，然后相加，发现两人所得的结果不一样。可是这个数字相当巨大，在第50位上才出现差错。……欧拉教授听我们争执，闭着他那双几乎完全失明的双眼，一声不吭……最后，他告诉我们差错在哪儿，是如何引起的。我们都非常了解他，知道他有罕见的心算能力，因此对他能说出我们争论中的错误，我们一点也不感到意外。他不仅可以用心算算简单的问题，许多高等数学范畴中的内容他同样可以用心算去完成。”

但是，这位数学英雄也不是只有过五关、斩六将的赫赫成就，他和所有科学精英一样，也有败走麦城的时刻。

## （二）

欧拉是一位天才的数学家，这是不争的事实，但如果他不付出惊人的努力，他就不可能获得那些惊人的成就。从这一意义上来说，“天才就是勤奋”这句话也是很有道理的。也正因为他比一般人更勤奋，他一定会犯比常人更多的错误。我们在欧拉所犯的众多错误中，选两个容易让读者看懂的错误，写在下面，让读者从中领略一下欧拉的思想局限……

“无穷级数”在数学中经常会出现，每个中学生都会接触到一些稀奇古怪的这种级数，如：

$$1+\frac{1}{2}+\frac{1}{3}+\frac{1}{4}+\frac{1}{5}+\cdots$$

$$1+\frac{1}{x}+\frac{1}{x^2}+\frac{1}{x^3}+\cdots\ (|x|>1)$$

$$1+1-1+1-1+1-1+\cdots$$

这些级数由于涉及“无限”多的项，所以常常会和我们开些“丈二和尚摸不到头脑”的玩笑。我这儿举一个有趣的例子：阿基里斯追不上乌龟。

公元400多年前，古希腊哲学家芝诺提出了一个奇怪的悖论：“阿基里斯追不上乌龟”。阿基里斯是一个像我国水浒故事中神行太保戴宗似的人物，日行千里、夜走八百。但芝诺却振振有词地证明：阿基里斯永远追不上在他前面10米远的乌龟。你也许会哑然失笑说：这位芝诺先生一定雾水淋头，稀里糊涂。你可真不能先这么说，不信我把芝诺的证明讲出来以后，看你如何反驳他。芝诺证明如下：

假定阿基里斯和乌龟都用不变的速度向前跑，开始时乌龟在阿基里斯前面10米。阿基里斯虽然跑得比乌龟快多了，假定他的速度为乌龟的10倍，他却永远追不上乌龟。为什么呢？试想：当阿基里斯跑到第10米的时候，到了乌龟起跑的地方，这时乌龟已经跑到第11米的地方，乌龟领先1米；当阿基里斯跑到第11米的地方时，乌龟跑到第11.1米的地方，乌龟与阿基里斯的距离缩短了，但仍领先 0.1 米；当阿基里斯跑到第 11.1 米处时，乌龟跑到 11.11 米处，领先 0.01 米……如此不停地跑下去，阿基里斯要追上乌龟就得依次跑完 10 米、11 米、11.1 米、11.11 米……而乌龟则依次领先 1 米、0.1 米、0.11 米、0.111 米……由于这样的距离有无限多个，阿基里斯跑完 10 米有 11 米，跑完 11 米有 11.1 米……所以乌龟总是领先一段小小的距离，阿基里斯也就永远追不上乌龟了！

芝诺提出的这个悖论，你也可能会被难住了吧？虽然你不相信阿基里斯真的追不上乌龟，但你能把芝诺的诡辩驳倒吗？如果你无法驳倒，就是因为“无限”在这儿给你开了一个很大的玩笑。为什么说是“很大”的玩笑呢？因为科学家、哲学家们为了驳倒芝诺的诡辩，竟然用了近两千年的时间！而读者如果不找点数学参考书看一看，恐怕一时也驳不倒芝诺的诡辩呢。

欧拉也是在解决一个无穷级数时，一时不慎，败走麦城。他遇见的是一个很普通的级数：

$$1-1+1-1+1-1+\cdots \qquad (1)$$

对这个无穷级数求和时，法国著名数学家傅里叶（Fourier J，1768—1830）曾用下面办法求这个级数的和：如果把(1)式的和假设为 $S$，我们可以把(1)式改写为：

$$1-(1-1+1-1+\cdots) \qquad (2)$$

因为(1)是无限多项，因此改成也是无限多项的(2)式是可以

的。这样

$$S=1-S$$

于是

$$S=\frac{1}{2}$$

读者一定可以看出，傅里叶在得出 $S=\frac{1}{2}$时，在无穷级数(1)的求和中运用了加法结合律。这似乎顺理成章，不成问题。但是问题偏偏出来了。我们同样用加法结合律可以把(1)式改写为

$$(1-1)+(1-1)+(1-1)+\cdots \qquad (3)$$

结果 $S=0$。如果把(1)改写为

$$1-(1-1)+(1-1)+(1-1)+\cdots \qquad (4)$$

那么

$$S=1-0=1。$$

结果，同一个无穷级数竟然得出$\frac{1}{2}$，0，1 这三种不同的和，这显然是不可能的。那么，问题到底出在哪儿了呢？欧拉也曾对这个问题感兴趣，他用的是另一种办法，得出 $S=\frac{1}{2}$。他根据的公式稍微复杂一些。由于

$$\frac{1}{1-x}=1+x+x^2+x^3+\cdots \qquad (5)$$

则在假定(5)式中 $x=-1$ 时，可得出

$$\frac{1}{[1-(-1)]}=1+(-1)+(-1)^2+(-1)^3+\cdots$$

所以有

$$\frac{1}{2}=1-1+1-1+1-\cdots$$

于是(1)式的和应该是$\frac{1}{2}$。这是欧拉的证明。

现在我们知道，傅里叶、欧拉……这些数学大师都错了。原因是无穷级数由“无穷多项”组成，它和“有限项”组成的多项式在本质上有许多不同；对多项式适用的方法，对无穷项组成的级数就未必合适。对于新的数学研究对象，需要有新的概念和方法，而这些问题在欧拉所处的时代尚未得到解决，因此他和另一些数学家不犯错误是不可能的。正是错误激发了数学家的自尊和灵感，这才一代又一代将数学推向更加辉煌、更加灿烂的今天和明天！

1784 年，柏林科学院悬赏征文的题目就是：

“对数学中称之为无穷的概念建立严格的明确的理论”。

可见，在欧拉那个时代，数学界是多么急切寻求新概念、新方法啊！

## （三）

1741 年，欧拉应普鲁士国王腓特烈大帝的邀请，决定到柏林科学院去工作，他的夫人柯黛玲当然要随同丈夫去德国工作。欧拉之所以作这一决定，是因为俄罗斯的政权发生了巨变，彼得大帝的女儿伊丽莎白推翻了小国王伊凡六世，自己占据了王位。由于她的专横，俄罗斯人民的尊严受到了严重的践踏，科学家也由此失去了自由和舒适的工作环境。

当欧拉和夫人、孩子们到了柏林以后，腓特烈大帝迅即召见了他。王后见欧拉很少说话，奇怪地问：

"欧拉教授，您为什么沉默寡言？身体不适吗?"

"陛下，"欧拉回答说，"在俄罗斯如果话说多了是会上绞刑架的。"

柯黛玲离乡背井来到柏林，虽然不时想念遥远的故乡，但看见自己的丈夫如此受到皇帝的尊重，一种骄傲的感情油然而生。这时欧拉的眼睛越来越糟糕，但他完全不顾及自己的身体状况，仍然拼命地干，连吃饭都觉得占去了宝贵的时间。

1760 年，当俄罗斯军队入侵德国时，伊丽莎白女王没有忘记欧拉给俄国作出的巨大贡献，她写了一封慰问信给他，并且给他带来一大笔钱，作为赔偿欧拉在战争中受到的损失。这使欧拉颇受感动。1762 年，叶卡捷琳娜二世即位，她是一位在文治、武功上都有一番野心的女皇帝，对科学事业极为关注。她多次敦请欧拉返回圣彼得堡工作，并许以特殊优待。欧拉也怀念自己事业获得成功的发祥之地，加之柯黛玲也日夜思念故土，于是，他们终于在 1766 年，当欧拉 59 岁时，返回了圣彼得堡。

叶卡捷琳娜二世按照王室的待遇迎接欧拉，配给他一套豪华的寓所，有 18 名侍从为欧拉一家服务……欧拉对这一切十分满意。

腓特烈大帝由于热衷于让臣民为他歌功颂德，使得朝廷里小人得势、正直人遭殃。欧拉之所以离开柏林，这也是原因之一。不过，腓特烈大帝对欧拉始终另眼相看，盛情有加。即使欧拉离开了柏林，腓特烈大帝仍然不时写信问候或向他请教。

大约在 1780 年前后，腓特烈又向欧拉提出一个有关“方阵”的问题。什么是“方阵”问题呢？

方阵与军队排列队形有关。军队在检阅时，常常排成方队，比如 400 人一队的方队，每行和每列都是 20 人，这叫“400 人的方队”。方队不仅仅整齐、威武、雄壮，军事学家还发现其在训练士兵和作战上有许多特点，比如说这种队形便于观察四方、便于阻击敌人……于是军事上将可以向四方发枪的队形称为“方阵”。

方阵后来又被数学家盯上了，因为方阵变幻无穷，引出许许多多让数学家绞尽脑汁都无法解决的问题。例如：

某些数能不能组成方阵？

一个方阵怎样变成两个方阵？

几个相同的方阵加上多大的数可以组成另外一个大的方阵？

这种种稀奇古怪的问题，在数学上来说，其实是讨论完全平方数的问题。

例如：53 个战士可以排成两个方阵（如图）：

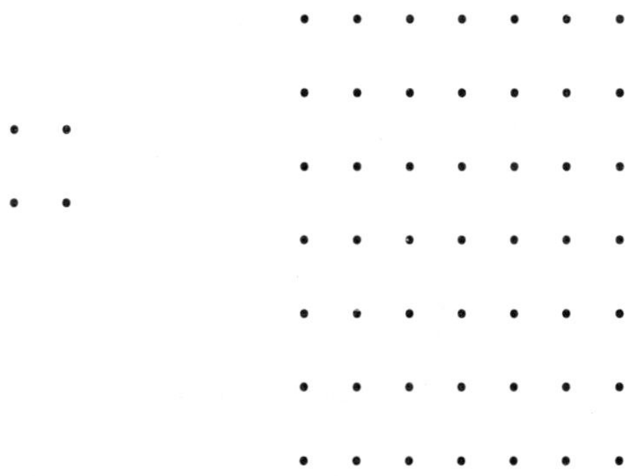

```
          • • • • • • •
          • • • • • • •
 • •      • • • • • • •
 • •      • • • • • • •
          • • • • • • •
          • • • • • • •
          • • • • • • •
```

这在数学上就是 $53=2^2+7^2$。如果我们问：21 200 个战士可以排成两个方阵吗？从数学上分析：$21\,200=53\times20^2$，于是：

$$53\times20^2=(2^2+7^2)\times20^2=(2^2\times20^2)+(7^2\times20^2)=40^2+140^2$$

即 21 200 位战士可以组成两个方阵：40×40 和 140×140。

再进一步问：还可以组成另外两个方阵吗？我们仍然可以从数学上分析：

$$21\,200=53\times400=53\times25\times16=(2^2+7^2)(3^2+4^2)\times4^2$$

又：$(3^2+4^2)(2^2+7^2)=34^2+13^2=29^2+22^2$

所以：

$$21\,200=4^2(34^2+13^2)=4^2(29^2+22^2)=136^2+52^2=116^2+88^2$$

由这一计算可知，21 200 个战士还可以摆成另两个方阵。

好，我们在大致上知道了方阵的基本概念和方法后，再回到腓特烈大帝的问题上来。腓特烈大帝的问题是：

“从 6 支部队中选出 6 种不同军衔的军官，如上校、中校、少校、上尉、中尉和少尉，排成 6×6 的方阵，要使每行、每列都有各支部队、各种军衔的军官。”

这个问题柏林无人能解，于是腓特烈大帝只好求助于欧拉。欧拉以前早就对方阵有过卓越的研究，有一个方阵还被命名为“欧拉方阵”呢。腓特烈问他算是问对了人。可是万万没有想到的是，欧拉对这个方阵问题也束手无策！欧拉先解决容易一点的：5 支军队中选出 5 种不同军衔的军官，组成 5×5 的方阵，这可以满足腓特烈大帝的要求：每行每列有各支军队、各种军衔的军官；可是到了 6×6 的方阵，硬是解决不了！

一年又一年，欧拉在黑暗中想了又想，算了又算，仍然毫无进展。于是他突发奇想：

“也许腓特烈大帝的题目本来就没有解决的可能？”

说问题无解，也是一种结果，但仍然要证明真的无解。可是怪啦，连无解他也证明不了。最后他在 75 岁时，即去世前一年提出一个猜想，即

$(4K+2)\times(4K+2)$（当 $K=0,1,2,\cdots$）时，这方阵无解。

腓特烈大帝的问题是 $K=1$，即 $(4\times1+2)(4\times1+2)=6\times6$的方阵。当方阵不是$(4K+2)$的方阵，如 3，4，5，7，8，9 阶的方阵时，也有解。

那么，这个猜想到底对不对呢？有没有可能得到准确的结论呢？

直到 177 年之后的 1959 年，真相才终于大白于天下，数学家玻色（Bose S N，1894—1974）和史里克汉德彻底推翻了欧拉的猜想。除了欧拉研究过的 $K=0$，1 以外，当 $K=2$，3，4，…时，都有办法组成腓特烈大帝要求的方阵。

一位作家对欧拉的这次失败说了一句话：“这并不是欧拉的悲剧。欧拉艰苦卓绝的工作，正是后人得以继续前进的阶梯啊!”这句话说得太好了!

# 是谁挥起了“亚历山大之剑”?

……很多事物都有那么一个时期，届时它们就在很多地方同时被人们发现了，正如春季看到紫罗兰到处开放一样。

——鲍耶 W F

竭力为善，爱自由甚于一切，
即使为了王座，也永勿欺妄真理。

——贝多芬

神话传说有一个国王叫戈尔迪（Gordius），他原是一个普通农民，有一次耕地牛轭上落下一头鹰，一位预言家说这件事将预兆他取得王位。后来戈尔迪果然得到了王位。于是戈尔迪把这辆有功的牛车存到神庙中作神物朝拜，他还用非常复杂的绳结将牛轭捆在车上。据说谁要是能解开这个结，就可以成为国王。后来，因为没有人解开这个结，马其顿王亚历山大一怒之下，举剑砍断了绳子，接了王位。此后在人类语言上便多了一个“斩断戈尔迪之结”这样一个成语，意思是说用断然手段解决某种困难。

在数学上就有这样一个“戈尔迪之结”（Gordian Knot），难倒了历史上无数的数学家，也在数学史上留下了极其悲壮的故事，让后人唏嘘、涕泣不止。那么，后来又是谁举起了“亚历山大之剑”斩断这个戈尔迪之结呢？我们下面来讲一讲这其中的几个感人肺腑的故事，让我们领略这些天才们一个个是在什么地方失手，又如何终于成功的。

## （一）

首先要简单介绍一下这个数学上的“戈尔迪之结”。本书的每一位读者恐怕都学过初中几何，这种几何有时称为“平面几何”，其实它的学名叫“欧几里得几何”。欧几里得几何学是公元前 300 年左右，由一位叫欧几里得（Euclid，公元前约

330—275）的希腊人发现的，他把他的发现写成了一本至今仍闻名于世的《几何原本》。这本书一问世，立即大显奇光异彩，令全世界惊讶、目眩。而且在两千多年的风雨历程中，它一直像神奇的瑰宝，熠熠闪光，照亮人类前进的路程。物理学家也是根据这一几何理论，建立了牛顿力学的空间，这叫“欧几里得空间”。利用这种空间，我们可以准确地计算天上星体和地面上物体的种种运动，甚至找到了迷人的海王星。

正因为欧几里得几何学严谨美妙的推理，让人不得不衷心地折服，再加之牛顿力学又取得如此辉煌的成就，因此在人们心中就逐渐形成了一个根深蒂固的传统观念，即：欧几里得几何是神圣不可侵犯、绝对正确的理论。例如中世纪意大利数学家卡尔丹（Cardan J，1501—1576）这样说过：

“欧几里得几何学的原理无可置疑的牢固性和它的尽善尽美是如此地绝对，是其他任何论文在正确方面不能和它相提并论的。在‘基础’之中反映出真理的光，大概只有掌握了欧几里得几何学的人才能在复杂的几何学中辨别出真伪。”

哲学家也乘机在它头上抹上几道灵光，更让人见了只敢跪拜。例如霍布斯、洛克和莱布尼兹这些著名的哲学家，都一致声称欧几里得几何学是宇宙学中所固有的。只有休谟例外，说科学是纯经验性的，欧几里得几何的定律未必是物理学的真理。但德国古典唯心主义哲学创始人康德认为欧几里得几何学是先天的真理，把休谟的一点怀疑扫得干干净净。康德在他的

《纯粹理性批判》一书中断言：欧几里得几何是唯一的，是必然的；物质世界必然是欧几里得式的，用不着诉之于经验。而另一位唯心主义哲学泰斗黑格尔声称：几何学可看作已经结束，不会再有什么发展。就连一些唯物主义哲学家，在论及几何学时也不敢质疑欧几里得几何学的真理性、权威性。

但是，仍然不断有“不信邪”的数学家不承认欧几里得几何学是什么“顶峰”，更不愿承认它是什么永远不可逾越的真理。数学家那警惕、挑剔的眼光盯上了《几何原本》上的第5公设。欧几里得的基础是5个公设。“公设”是被无条件认可的规则，也就是最开始的假设；整个欧几里得几何学就是建立在它的基础上。前4个公设简明、直观，但第5个公设却和前4个大不相同，既复杂又没有直观性，而且涉及直线无限延长的问题。第5公设原话说得遮遮掩掩，也挺别扭的，我们这儿用不着引用它的原文，但欧几里得想说的意思实际很简单：两条平行的直线无限延长都不相交。这就是所谓“平行公理”，它显然缺乏充分的说服力。欧几里得把这一公设说得遮遮掩掩，而且把不需要用第5公设就可证明的命题尽量排在前面，得出了前面的28个定理之后，才开始引入第5公设，这似乎也说明欧几里得本人对这一公设也缺乏信心。正如美国著名数学史家克莱因（Klein M）在《古今数学思想》一书中所写的：

“……按照Euclid那样方式陈述的平行公理，却被人认为有些过于复杂。虽说没有人怀疑它的真理性，却缺乏像其他公理的那种说服力，即使 Euclid 自己显然也不喜欢他对平行公理的那种说法，因为他只是在证完了无需用平行公理的所有定理之后才使用它。”

正由于上述种种原因，两千多年来数学家一直想从其他显而易见、不证自明的公设把第 5 公设推出来，如果成功，第 5 公设就不再是公设，而可以下降成一个定理。这种努力，从古希腊时期就开始了，但一直都没有得到成功。直到 18 世纪末，这一努力终于有了一线转机。那么，到底是谁举起亚历山大之剑，斩断这个戈尔迪之结呢？

## （二）

我们下面要讲的故事都和高斯（Gauss C F，1777—1855）有关，其中的恩恩怨怨、是是非非纠结在一起，人们想从其中得出清楚的结论是很困难的。好在读者都是有判断力的，看了这些故事之后，可以自己得出结论。

最先讲的是数学家托里努斯（Taurinus F A，1794—1874）。托里努斯有一个叔叔，名施韦卡特（Schweikart F K，1780—1857），他本来是位法学家，但后来却对数学有了兴趣，在 27 岁时发表了一篇文章，提出应该对欧几里得几何的论述方法从形式上进行改造，并且得出结论说：平行线公理不可能逻辑地得到证明；可以从三角形三内角之和小于 180°出发，构造一种几何学。他将这种几何学称为“星空几何学”。

三角形三内角之和小于 180°？这是什么意思？我们不是说“三角形三内角之和等于 180°”吗？是的，但这只是欧几里得几何中的定理；如果否定了欧几里得几何的第 5 公设，也就等于否认了“三角形三内角之和等于 180°”这一定理，这样，三角形三内角之和就可以小于或者大于 180°。这种几何就不再是欧几里得几何学了，故现在统称为“非欧几何”。当时施韦卡特称之为“星空几何学”，以后还有人取各种不同的名字。

托里努斯本来也是法学家，但肯定受了叔父的影响，竟然也不知天高地厚地闯进了这个纠缠了数学家 2000 年的难题中。他沿施韦卡特的路前进，从三角形三内角和小于 180°的条件出发，得到了许多非欧几何的定理。他认为，欧几里得几何中的第 5 公设是独立于其他公设的，完全可以用相反的公设取而代之，从而建立无逻辑矛盾的（非欧）几何学。

1824 年，托里努斯把自己研究的成果写进《平行线理论》一书中，并将稿子寄给哥丁根的“数学王子”高斯。高斯看了以后，回信给托里努斯。信中写道：

“假定三角形三内角之和小于 180°，可以得到一个独特的、完全不同于欧几里得的几何学。这一几何学完全符合逻辑。我能完全令人满意地把它加以推进。我能解决这一几何里的任何问题。”

在信中高斯还说，在一定条件下，非欧几何将与欧几里得几何学一致；还深刻地指出，关于空间“我们知道得很少，或者可以说连空间的本质是什么也不知道”。看来高斯对于非欧几何有过深入的思考，下面的一句话尤其令人关注：

“如果非欧几何是真理，那么……我们在天空、在地面的测量就是可行的，就可以通过实验来决定。因此，我有时开玩笑说，希望欧几里得几何学不是真理，因为那时我们事先就有了绝对长度。”

的确，高斯可以说对非欧几何有十分深刻的认识，但是，他没有支持托里努斯，他担心公众会猛烈攻击这种“稀奇古怪”的非欧几何，因为欧几里得几何学是如此之固如磐石，想动它一根毫毛都会引起普遍的震怒，尤其是那些哲学家，会愤怒得像马蜂一样叮死叛逆者。高斯害怕这可怕的恶果，因此在信的末尾叮嘱托里努斯说：

“在任何场合，您应该把我写的这封信当作私人通信，决不应该公开它。”

托里努斯因为高斯支持了他的研究成果，非常高兴，急忙出了两本小册子（即上面提到的一本和另一本《几何学原理初阶》（1826）），但他没有认真记住高斯那信尾的叮嘱，他虽然十分谨慎，但却又用让外人可以明白的笔调，在前言中表明他的研究成果得到欧洲最伟大的数学家的支持。

高斯看到这本小册子后，非常生气，立即中断了与托里努斯的信件来往。托里努斯的任何解释都无济于事。这件事对托里努斯打击很大，接着他害了一场重病，精神失常。当一次精神失常严重发作时，他把他写的书全烧了。一次有希望的努力，在高斯的支持下，本可在数学史上提前完成，但却被高斯亲手扼杀了。

这是为什么呢？难道伟大的数学王子高斯竟然如此谨小慎微？这哪有王者风范啊！

## （三）

悲剧不只发生在托里努斯一人身上，发生在匈牙利数学家鲍耶（Bolyai J，1802—1860）身上的故事，更让人唏嘘不已。鲍耶的父亲法尔卡什·鲍耶也是数学家，年轻时曾与高斯交往甚密，也得到过高斯的许多帮助。法尔卡什也曾研究过非欧几何，付出了不少心血。他还与高斯谈过关于非欧几何的一些设想，但高斯敏锐地发现他在证明中犯了一个十分简单的错误。这对法尔卡什是一个严重的打击，这么多年的心血竟然一文不值！于是，他的心凉了，热爱数学的火花熄灭了，并且留下了永久未能愈合的创伤，以后“就染手诗歌的研究”了，在数学上竟一事无成。

几十年过去了，他的儿子亚诺什·鲍耶也鬼使神差地走上了研究非欧几何的道路。鲍耶的父亲知道他的打算后，立即写信给儿子，以自己血的教训劝儿子千万别走上这条永无出头之日的黑暗道路。他写道：

“干涸的源泉能流出什么水来？你万不可在这上面用去一个小时的功夫。你不会得到任何报偿，只能浪费自己的生命。多少世纪以来，几百位伟大的数学家在这上面绞尽了脑汁。我想，一切可以想象得到的思想都用尽了。即便是伟大的高斯思考这个问题，也会把自己的时间毫无结果地葬送掉。幸亏他没做这件蠢事，否则他的多面体学说和一些其他著作就不会问世了。我们还知道，他也差一点陷入了平行线理论这个泥潭。他口头和书面都曾表示过，他曾多年毫无效果地思考过这一问题。”

父亲还用自己的经历来打动儿子：

“我经过了这个毫无希望的夜的黑暗，我在这里面埋没了人生的一切亮光、欢乐和希望。你若再痴恋这一无休无止的劳作，必然会剥夺你生活的一切时间、健康、休息和幸福！”

但年仅 21 岁的鲍耶却听不进父亲的劝告，决心干这件“蠢事”，勇闯这个“泥潭”。鲍耶曾对人谈起他父亲的警告，说：

“这是一个有力的、作用很大的警告，它要我失去勇敢精神，可是它并没有吓住我。相反，它倒是激发了我对它的兴趣，增加了我的毅力。我要不惜任何代价钻研平行公理，并且下决心解决它！”

鲍耶也从三角形三内角之和小于 180°这一假设出发，建立起一套完整、协调、天衣无缝的新几何体系，他把这种新几何学称为“绝对几何学”。1823年11月3日，鲍耶就预见自己的努力已经有了希望，高兴地写信给他父亲说：

“主要之点我还没有找到，但是我走的路一定会允许我达到目的，这是完全可能的。在还没有达到目的之前，我已经发现了这么多的好东西，连我自己都感到惊讶。如果我失去这些发现，那将是永远的遗憾。我凭空创造了一个新世界，您将会承认这一点的……”

父亲法尔卡什却无动于衷，没有给鲍耶一点鼓励。但鲍耶成竹在胸，于1825年完成了他的《空间的绝对几何学》，并寄给父亲，请父亲设法发表。但父亲不相信儿子的理论，拒绝帮助发表。可怜的鲍耶等了4年，父亲仍然坚持己见。1829年，鲍耶只好自己把论文寄给一位叫艾克维尔的数学家，可惜又失落了。直到1832年法尔卡什出版自己20年前写的《试论数学定理》（2卷）的时候，经鲍耶一再恳求，才答应把他的那篇文章作为附录附在第一卷的尾部。全文仅24页，却有一个奇特的标题：“附录：绝对空间的科学，和欧几里得几何学第11公理的真伪无关……”

法尔卡什为了放心，将书的清样于1832年1月寄了一份给老友高斯。高斯看了“附录”之后，大吃一惊，于3月给鲍耶父子回了一封信，信中先写了许多别的事情，到结尾处他才令人不可理解地而且几乎是轻描淡写地转到让鲍耶急于想看到的“附录”上去。高斯写道：

“现在谈一下关于您儿子的文章。如果我一开始便说我不夸奖这些成果，您会马上感到惊讶。但是，我不能不向你说明：夸奖这篇著作就等于夸奖我自己，因为您儿子的这些工作，他走过的路，他获得的成果，和我在30年到35年前思考的结果几乎完全相同。我自己对此也的确感到惊讶。我自己在这方面的著作，只写好一部分，我本来不想发表，因为绝大多数人完全不懂，写出来肯定会引起一片反对的叫喊声。现在，有了老朋友的儿子能够把它写出来，免得它与我一同湮没，这使我非常高兴。”

鲍耶看了高斯的信，愤怒之情实在难于言表。父亲安慰说：

“高斯毕竟承认你的著作是卓越的，你为我们祖国带来了光荣……”

鲍耶震怒了，他控制不了自己的愤怒，大声说：

“光荣!？他把光荣据为己有!”

父亲找出高斯以前写给他的信，解释说：

“他以前的确思考过平行线理论中的困难……”

“也许你把我的工作全都告诉过他，是吗？这个贪婪的巨人要把它据为己有，是吧？他在撒谎！……”

鲍耶被这意外的结果震昏了头，根本无法接受这一“现实”。一出悲剧就这么酿成了！此后，可能会在数学上作出卓越贡献的鲍耶，一怒之下扔开了数学研究，再没有发表任何数学论文。

高斯已经戴上了桂冠，被誉为数学王子，对于“老友”儿子的卓越成就首先想到的不是极力提携、褒奖，却急急忙忙抢着要优先权，这种狭窄而阴暗的心态着实让人摇头、叹息。结果一封信扼杀了又一位天才！即使高斯真正思考过这个问题(事实上真思考过)，但他很可能没有像鲍耶那么完整地思考过，也没有鲍耶那么完整的构架；退一万步，即使结果完全相同，高斯害怕“捅了马蜂窝”而没有胆量发表，束之高阁，讳言非欧几何，现在有了年轻的勇士敢于闯阵，而且印在了书上，这该是多么可喜可贺啊！起码比他勇敢多了吧！所谓“初生牛犊不怕虎”，这正是自己缺少的。如果凭他的资历、威信，助鲍耶一臂之力，共建伟业，那非欧几何学至少可以提前 30 多年正式面世！但高斯面对如此伟大的数学史上的战役，首先想到的却是自己的优先权！实在可悲，实在可叹！

不过，鲍耶也未免太“小家子气”了！我们下面要讲到的另一位数学家就比他豁达多了。

## （四）

罗巴切夫斯基（Лобачевский И М，1792—1856）是俄国喀山大学的数学教授。他从 1815 年就开始研究非欧几何学。到 1823 年，31 岁的罗巴切夫斯基就大胆而坚定地指出：

“直到今天为止，几何学中的平行线理论是不完全的。从欧几里得时代以来，两千年徒劳无益的努力，使我怀疑在概念本身之中，并未包含那样的真实情况。”

罗巴切夫斯基的出发点也同鲍耶一样，首先否定第5公设，他公开宣称：

“过直线外一点，至少可作两条直线和同一平面上的已知直线不相交。”

以此为出发点研究了3年之后，他开始公开挑战了！1826年2月11日，34岁的数学教授在喀山大学学术委员会上宣读了自己研究的成果《几何原理概述及平行线定理的严格证明》，罗巴切夫斯基开门见山地说：

“虽说我们在数学上取得了辉煌的成就，可是欧几里得几何到现在仍然保留着它的原始的缺陷。实际上，任何数学都不应该从重复欧几里得的那些莫名其妙的东西开始，在任何地方都不能容许有这样不严密的缺点，不自然地把这些放在平行线理论里。……几何学中那些由于最初和一般的概念的不清晰，导致了虚假的结论。这一事实警告我们，要慎重对待我们想象中的客体概念。”

说到这儿，罗巴切夫斯基提高了声音，铿锵有力地宣称：

“在这里我要表明，我打算怎样填补几何学中的这些空白！”

俄罗斯在欧洲极东端，这儿远离欧洲先进的国家如英、法、德诸国，是一个落后、保守、专制的国度。喀山大学的教授们听了罗巴切夫斯基的话，似乎都被吓傻了一样，他们真不能想象这位当教授没多久的年轻人会干出这种蠢事。他们不安地彼此耸了耸肩，低声咕哝："莫名其妙!""荒谬绝伦!""胆大妄为!"

罗巴切夫斯基不理会下面的叽叽喳喳，继续说：

"只可能有两种情形：一是假设任何一个直线三角形三内角之和等于180°，这构成了通常的几何学；另一个是假设任何直线三角形中三内角和小于180°，这构成了一种特殊几何学的基础，我称它为'抽象几何学'。"

罗巴切夫斯基思想上是有准备的，他早料到他提出的新几何学将会经历一段艰难的历程，他将要与几千年来培养出的顽固成见作英勇的斗争，否则是不可能让他面前这些教授们接受新思想、新观念的。

果然，学术委员会出于"善意"，没有公开宣布2月21日罗巴切夫斯基的"纯系胡说八道"的报告，他们一致认为，如果让国外知道了这份报告，那喀山大学，不，俄罗斯科学界岂不斯文扫地、脸面丢尽？万万不可道与外人知！甚至连他演讲的原稿也莫名其妙地被学术委员会"弄丢"了。

罗巴切夫斯基像勇敢的伊卡诺斯（Ikarus）一样：

我的双翅已经展开！

到那儿去！我得去！我得去！

我要向太阳飞去！①

他完全置反对者于不顾，独自继续研究、完善自己的“抽象几何学”，并且在1829年公布了他的研究成果：《几何学原理》。公布之后，罗巴切夫斯基立即遭到了学者们的攻讦，说他的几何学是“荒唐透顶的伪科学”，他本人和他的几何学也成了人们茶余饭后的笑料，人们甚至以能讽刺上几句为光荣；更有甚者，不少人以此显示自己的聪明、非凡……连伟大的歌德都出来凑兴，由此可知罗巴切夫斯基的抽象几何学遭遇何等悲惨！歌德在他的《浮士德》中写道：

有几何兮，名为非欧，

自己嘲笑，莫名其妙。

大约是1846年吧，高斯偶然发现了罗巴切夫斯基的《几何学原理》德文版。于是，这位哥丁根的数学王子又遇上了一位勇于反对任何权威的勇者，而且高斯深知这位俄罗斯学者非同一般，他可不是像鲍耶、托里努斯一样向他请教的人，他直接向保守势力宣战，他用不着与谁商量，他有绝对的信心，相信自己最终一定会获胜。高斯深深感到他不能再视而无睹，或随便吓唬一下就能了事的，他的优先权受到了巨大的威胁。为了看到罗巴切夫斯基所有的论文，高斯捡起了以前学过的俄文。看了罗巴切夫斯基的许多论文以后，高斯打心底里佩服这

① 伊卡诺斯的父亲代达诺斯（Daidalos）为了飞出迷宫，用蜡在自己和儿子身上粘合羽翼，但伊卡诺斯不听父亲告诫，向太阳飞去，蜡翼被熔掉，遂坠海而死。故事见希腊神话。这儿的三句话，引自歌德的《浮士德》第二部第3幕。

位俄罗斯数学家。他在给朋友的一封信中赞叹道：

“不久前，我有幸读了罗巴切夫斯基的《几何学原理》。书中包含有他的几何学的许多原理。这本书是值得出版的，它有严密的逻辑性，而欧几里得几何学在某些方面是不够的。施韦卡特把这种几何学称为‘星空几何学’，罗巴切夫斯基则称它为‘抽象几何学’。您一定知道，从1792年至今的54年里，我早就有相同的信念，后来还作了一些深入研究，不过这儿不打算谈这个问题。我要指出的是，对我来说，在罗巴切夫斯基的论文里并没有什么新东西；但他遵循的是另一条思路，这与我的思路是不同的。而且，罗巴切夫斯基在发展他的理论时，有真正的几何特性。我认为，您必须注意这本书，它肯定会使您得到非常美好的愉快。”

高斯还写过几封类似上面的私人间的信，并且赞扬罗巴切夫斯基的睿智和成就，但他没有给罗巴切夫斯基写过一封信。这当然也不奇怪，罗巴切夫斯基也没有写信给高斯，没有请求他的认可、支持。

高斯是公认的数学王子，对罗巴切夫斯基的书不能视若无睹。不，高斯不会这样，而且他还高姿态地建议推选罗巴切夫斯基为哥丁根皇家学院的通讯院士，高斯是这个学院的院长。但奇怪的是，无论是在会议的公开发言中，还是在给罗巴切夫斯基的证书中，高斯却闭口不提罗巴切夫斯基的抽象几何学。

罗巴切夫斯基这时是喀山大学校长，他倾全力将这所大学办得在欧洲小有名气。他收到高斯寄来的信和证书后，当然会对高斯的“遗漏”心领神会，也知道他的非欧几何学得到了高斯的肯定。在回信表示感谢时，罗巴切夫斯基似乎心照不宣地也闭口不提非欧几何学。

当然，以上所说仅是我们的猜测。但，事实是明摆着的，高斯在已经很有利的情形下，仍然没有走出决定性的一步，没有公开承认非欧几何学诞生的权利；仍然害怕在数学界引起骚乱、革命、动荡。这就导致罗巴切夫斯基仍然身陷粗野、无聊、令人恶心的攻讦之中。高斯不愿举起他那强有力的手，帮罗巴切夫斯基一把，把他拉出遭攻讦的陷阱。直到 1868 年，在罗巴切夫斯基逝世 12 年，高斯逝世 13 年，鲍耶逝世 8 年之后，由于意大利数学家贝尔特拉米（Beiertelami E，1835—1900）的努力，事情才有了彻底的转机。贝尔特拉米当时是比萨大学教授，他在 1863 年出版了《非欧几里得几何学的解释经验》一书。这本书解决了罗巴切夫斯基几何学逻辑无矛盾性问题，从此，罗巴切夫斯基几何学才得到普遍承认和迅速发展。

戈尔迪结终于解开。

## （五）

到底是谁挥起了亚历山大之剑呢？这是一个仁者见仁、智者见智的问题，有着各种不同的答案。我们这篇短文不想对这个“新的”戈尔迪结说三道四，读者有兴趣的话，不妨自己去钻研资料，得出自己的结论。我们这儿关心的是数学王子高斯在这场艰难的创建过程中，扮演了什么样的角色？给了我们什么样的启示？

高斯的贡献，那是尽人皆知的，他不仅预见了19世纪的数学，而且为19世纪的数学奠定了基础。他几乎对数学所有的领域都作出了贡献，而且是许多数学分支学科的开创者和奠基人。在物理学和天文学方面，他也有出色的研究。由于他的博学和睿智，人们诙谐地说高斯像一千零一夜故事中那个有魔法的容器，以至于全世界科学家在往后的几十年时间里，都可以从他那儿取出无穷无尽的宝藏！我们也可以肯定地说，高斯年轻时是十分有勇气的，否则我们很难想象他会作出那么伟大的贡献并得到数学王子的桂冠。

但是，到了他功成名就、地位显赫的时候，他变得胆怯了，变得前怕狼后怕虎地斤斤计较得与失了。以前那个伟大的高斯淡隐下去，出现在人们面前的是一位没有胆量冲破牢笼、飞向自由天空的决心的高斯；他像伊卡诺斯的父亲代达诺斯一样，只求安全飞出迷宫，而不敢飞向太阳，试一试羽翼能经受多强的阳光。就像《浮士德》里面浮士德回忆欧福良那样：

欧福良：现在让我跳动，现在让我飞跃！
排空驭气，直上九重霄，
我不能抑制激荡的心潮！

浮士德：要克制！要克制！
　　　　切不可鲁莽从事！
　　　　万一你不幸坠落和伤损，
　　　　宝贝儿子，这会丢失我们的老命！

这时的浮士德倒颇似成名以后的高斯，而欧福良倒真像鲍耶一样。不过浮士德的台词应该改一下才更符合高斯的心态："切不可鲁莽从事！万一不幸坠落和伤损，就会丢失我的老命！"

高斯难道不知道思想的自由对他是多么不可缺少？我们记得法国的音乐鬼才柏辽兹曾经热情地呼唤过：

"心灵的自由！精神的自由！灵魂的自由！——所有一切的自由！真正的、绝对而无限的自由！"

任何从事创造的事业，无论是音乐还是数学，都必须呼唤自由，否则谈什么创造！高斯，伟大的高斯身经百战，会不懂思想自由的绝对必要性吗？他当然懂得！但是，当科学成了一种职业、一种地位、一种荣誉的时候，它就会慢慢腐蚀科学家的心灵，让他们那曾经高贵的心灵变得怯懦、自私、苍白、无聊……这种事情无数次发生在伟大的科学家身上，能够逃出这种腐蚀、侵害的科学家屈指可数。尤其是高斯所处的那个时代，更不得不使高斯瞻前顾后、首鼠两端。那时德国仍处于一种四分五裂的状态，全国有无数独立小国，它们各有各的制度，国王在各自的小国里主宰一切，任何人对这些统治者只能俯首称臣，否则丢饭碗、掉脑袋可不是稀罕事。那时科学家、艺术家、作家都是国王的仆人，国王把这帮人只不过当作宫廷的装饰品，供他们炫耀和开心。在冈诺维尔斯基国王那儿的高斯已经地位显赫，生活舒适；他不愿也不敢因意外影响而失去这好不容易到手的一切。

他深知，非欧几何一经正式由他提出或支持，一场激烈的混战将不可避免地蔓延开来。在这场混战中，他会落到什么结果，他实在无法预料，也不敢多想。因此，尽管他早就认识到非欧几何迟早会出现，但他本人绝不当这个助产婆。我们从他给俄罗斯科学院院士伏斯（Фусс Н И，1755—1825）的一封信中，可以看出他的部分心态：

“……可是我并不完全自由。我有责任，很大的责任——对于我的祖国，对于我的国君。他的乐善好施给我创造了令人满意的环境。在这样的环境里，我才能献身于我的爱好。……如果我拒不接受我的国君这样慷慨而又自愿给我的恩惠，那么，我就不能大大改善自己的处境……”

从这封信里，我们不能不感到高斯所受到的屈辱和他的妥协。写到这儿，我们不由想到了高斯同时代的同胞歌德（1749—1832）和贝多芬（1770—1827）。每当歌德受到皇室赏识时，总会受宠若惊，现出一副卑躬屈膝的样子。对此，贝多芬极为不满。有一次他对歌德直言不讳地说：

“您大可不必这样去敬重他们，您这样做是不妥的，您得干脆让他们知道您究竟有多大本事，或者让他们永远也捉摸不透；一位皇后欣赏《塔索》[①]，绝不会比欣赏她脚上那双能满足她虚荣心的鞋子更久。——我对待她们就不一样，当我教赖纳公爵钢琴的时候，他让我在前厅等他，我可不买他的账；他问我为什么这样不耐烦，我说他浪费了我不少的时间，我等得不耐烦了。从此以后他就不再让我空等；我向他表明，他干的蠢事只表明他缺乏人性。我对他说……您可以造出一个大臣，一个枢密顾问官，但您决不能造出一个歌德，一个贝多芬；您既然做不到这点，做梦都做不到，那就要学会尊敬人，这会大有益处的。”

贝多芬多么注重精神价值！他忧道不忧贫，不为五斗米折腰。他说：

“一个诗人只要能毕生和有害的偏见进行斗争，排斥狭隘的观点，启发人民的心智，使他们有纯洁的鉴赏力和高尚的思想情感，此外他还能做什么更好的事呢？还有比这更好的爱国行动吗?”

歌德没有这种精神力量，高斯也没有。有一次贝多芬和歌德一起挽手散步时，迎面来了皇后和公爵们。贝多芬对歌德说：

“挽着我的手别松开，他们该给我们让路，不是我们给他们让路。”

---

① 《塔索》是歌德的代表作之一。

但歌德十分尴尬，撇开了贝多芬的胳膊，站在路旁，帽子拿在手里；而贝多芬则反剪双臂，毫不在意地穿过皇室成员，当公爵们闪在一旁让路时，贝多芬轻轻掀动了一下帽子以示礼貌。皇室成员都向他致意。过去以后，他才站在路上等候歌德，歌德还在路边鞠躬如仪。难怪恩格斯曾说：

“歌德有时非常伟大，有时极为渺小；有时是叛逆的、爱嘲笑的、鄙视世界的天才，有时则是谨小慎微、事事知足、胸襟狭隘的庸人。”

这段话用来评论高斯，恐怕也有几分恰如其分呢！高斯后来胆小怕事，这且不说，而且胸襟狭小、斤斤计较于个人名利，也实在只有让人扼腕叹息的份了！他自己不敢捅马蜂窝，也罢，但别人捅了他不但不让人捅，还说自己早知其中奥秘。还不止这一件事让人对他的行为感到忿忿，在挪威数学家阿贝尔（Abel N H，1802—1829）身上发生的事，也颇让一些数学家愤慨难平。当高斯得知阿贝尔的一项数学发明时，他连忙给一位法国朋友写信说：

“阿贝尔先生完成了我的三分之一的成果，我只不过因为太忙，没时间将它们整理出来。他做的事，我从 1789 年就开始了。……他在他的工作中表现了这样大的天才和美，可以使我不必再加工我自己以前的著作了。”

这简直让人感到惊奇，堂堂数学王子，何以这么小家子气？什么都想往自己身上拉。难道他的荣誉还不够吗？要多大的桂冠才让他心满意足呢？真的是欲壑难填、贪得无厌了！

一位法国数学家愤慨地说：

“没有发明就不该把发明记在自己的账上；还说什么那些东西自己在几年前就发现了。但是，又不说明在哪儿发表过这些东西。这其实是无稽之谈，并且对真正的发明人是一种凌辱。”

“在数学中经常出现这样的现象，一个人所发现的问题早已为他人所发现，也早已为大家所知。类似的情况我也碰到过几次。但是，我从来不提起这些，我从来不把别人先我发表的东西命名为‘我的定理’。”

由以上所述可见，成名后的高斯由于他品格上某种程度的退化，他不仅扼杀了几位数学天才，而且推迟了数学发展的进程。一个人越是伟大，那么由于他的过失而对历史产生的负面影响就越大。

德国伟大诗人海涅（1797—1856）曾对成名后的歌德作过一次评论，他说：

“菲吉在奥林斯山上给丘比特塑了一座坐着的雕像。人们说，如果他突然站立起来，就会把神殿的拱顶穿个窟窿。歌德在魏玛的地位就是这样，如果他不想宁静地坐在那儿，突然伸直躯体，就会顶穿国家的屋顶，当然他也可能因此而碰破自己的头皮。德国的丘比特继续宁静地坐在那儿，并且心安理得让人崇拜自己，给自己烧香。”

一位叫托特的数学家借用海涅的话评论高斯说：

“数学中的丘比特也正是如此，宁愿安静地坐在椅子上，也不想冒碰破头皮的危险来破坏科学中的旧屋顶。”

一位科学家一旦心甘情愿地成了偶像，他的创造生涯就走到了尽头。

当然，也会有人不同意我以上的评价，可能认为我的评价过于“苛求”。例如有一本评论数学思想的书就多少以赞赏的口气评论高斯对待非欧几何学的态度。

“他恪守的原则是：‘问题在思想上没有弄清之前决不动笔’，只有证明的严密性和文字叙述的简明性都达到无懈可击时才肯发表。高斯迟迟不肯发表自己关于非欧几何的重要成就，这是重要原因之一。”

但同一本书在两页之后又补充说：

“……由于非欧几何毕竟是超前发现，违反人们传统的认识，所以当罗巴切夫斯基的新见解发表以后，不可避免地引起当时人们的强烈反应：公开发表文章讽刺、嘲笑者有之，用匿名信谩骂、侮辱者有之，就是持最善良的宽容态度的人也认为他是一个有‘错误的怪人’，并为之‘惋惜’。高斯的谨慎与伽利略当年的‘悔过’一样，是科学家在受压抑的时代实行自我保护、坚持科学事业的一种方式，不能苛求于他们。”

我想，有思想、爱思考、具备一定的科学素养、有独立见解的人，对于应该如何评价高斯的这次失误，仁者见仁，智者见智，各有不同见解。但是，这的确是高斯的一次严重失误，恐怕读者总不会不赞同这一点吧？

# 希尔伯特为什么叹气和哈哈大笑？

物理学对于物理学家来说是太困难了。

我们已经改造了数学，下一步是改造物理学，再往下就是化学。

——希尔伯特 D

在 19 世纪末、20 世纪初，德国文化名城哥丁根有一位世界闻名的大数学家，他叫希尔伯特（Hilbert D，1862—1943）。希尔伯特到底有多伟大呢？一本关于希尔伯特的传记上是这么说的：

“如果要问：‘谁是现代最伟大的物理学家？’有一定文化知识的人将脱口而出：‘爱因斯坦！’如果再问：‘谁是能同爱因斯坦地位相当的最伟大的数学家？’正确的回答应该是：‘希尔伯特！’”

由上面这一段话，我们就可以知道希尔伯特在 20 世纪数学界执牛耳的地位了。

如同德国其他数学大师一样，他继承了德国数学界的优良传统，在发展、推进数学理论的同时，还非常关心物理学的进展。希尔伯特的传记作者瑞德（Reid C）认为，希尔伯特在 1912 年（也就是他 50 岁的时候）“成了一位物理学家”，那时他颇为自负地说：

“物理学对于物理学家来说是太困难了。”

那言下之意是物理学得由他们数学家来干，否则甭想前进了！因此他信心十足地说：

“我们已经改造了数学，下一步是改造物理学，再往下就是化学。”

据说化学更不在他眼中，认为它只不过是“女子中学里的烹调课程”！

但事过 10 年，即到了 1922 年，“希尔伯特不再是一个物理学家了”。为什么呢，因为他发觉物理学并不如他十年前想的那样简单，他只得叹气说：

“唉，物理学还得由物理学家来干。”

看来，越俎代庖总是会吃亏的。下面我们来看看这个越俎代庖的故事吧。

## （一）

正当希尔伯特在数学上天马行空、大展宏图的时候，物理学也正在发生翻天覆地般的巨大变化。1895 年德国慕尼黑大学教授伦琴发现了 X 射线（希尔伯特认为现代物理学的新纪元就是从这儿开始的）；1896 年法国物理学家贝克勒尔发现放射性；1897 年英国的汤姆逊发现电子……这一系列的发现，极大地冲击着经典物理学中传统的物理思想，物理学面临严重的危机，理论上也充满着混乱。到了 20 世纪降临人间之初，1900 年德国的普朗克提出了量子理论，1905 年爱因斯坦提出了狭义相对论。短短的 10 年里，伟大的物理学发现真是如雨后春笋一样，其数量之多让人目不暇接。希尔伯特曾欣喜若狂地说：

“这期间任何一项发现都是了不起的，同过去那些成就相比毫不逊色！”

希尔伯特不仅仅是惊叹，他还直接参与到物理学的革命进程之中。最让人惊叹的是他和爱因斯坦几乎同时到达了广义相对论的目的地。爱因斯坦于1915年11月11日和25日，向柏林科学院提交了两篇广义相对论的论文；而希尔伯特几乎同时在11月20日，向哥丁根皇家协会提交了他的“物理学基础”的第一份报告，也涉及广义相对论的许多内容。他们两人用的方法不同，爱因斯坦的数学知识欠缺，因而用的是一种迂回的、更能体现物理学家思路的方法；而希尔伯特则用完全不同的、更直接的也更能体现数学家思维特点的方法。当爱因斯坦对四维时空的数学感到别扭、力不从心的时候，希尔伯特曾洋洋得意地说：

“哥丁根马路上的每一个孩子，都比爱因斯坦更懂得四维几何，……当然，尽管如此，发明相对论的仍然是爱因斯坦。”

还有一次，在一次演讲中他诙谐地说：

“爱因斯坦能够提出当代关于空间与时间的最富有创造性和最深刻的观点，你们知道为什么吗？因为他没有学过任何关于空间和时间的哲学和数学！”

这虽说是一个玩笑，但也反映了希尔伯特思想深层的一些想法。他感到在各种发现风起云涌之时，物理学家似乎有些茫然；物理学里明显缺乏一种秩序，不像数学那样让人赏心悦目，有这种看法的当然不只希尔伯特一人，例如还有一位数学家说：

“在理论物理讲演中，我们常常会遇到这样或那样未经证明的原则以及由这些原则推出的各种命题和结论，每当这样的时候，我们数学家总是感到很不舒服。它常常迫使我们思考：这些互不相同的原则究竟是否相容？它们之间究竟有什么关系？”

正是基于这种原因，希尔伯特想像数学那样，用公理化方法来改造物理学。也就是说，先应该选出某些基本的物理现象作为“公理”，然后由这几个公理出发，通过严格的数学演绎，推导出全部观测事实；这就像欧几里得几何学，从5个公理出发，推演出全部几何定理一样。希尔伯特认为，实现这一宏伟计划的只能是数学家，而且就是他本人。物理学家不可能担此重任。

他不只这么想，而且立马开始干起来了。他经过研究、思考后，决定从气体运动论开始，因为他认为气体运动论与数学（概率论）结合得十分好，从这儿开始，一定会大有收获。不过，在进行“改造”工程中，希尔伯特认为“不可能单靠数学的力量来解决物理学问题”，他需要有物理助手。他向索末菲要助手。索末菲以前当过希尔伯特的学生，当时已是闻名世界的物理学家了。索末菲应希尔伯特的要求，先后把自己最满意的学生爱瓦尔德（Ewald P）、兰德（Lande A）、德拜（Debye P）等人送到哥丁根。他们的任务是全面阅读最新物理学文献，然后再向希尔伯特和一些数学研究生报告。在这些物理学助手的帮助下，希尔伯特先后研究了分子运动论、热辐射和物质结构等物理学前沿问题。

## （二）

希尔伯特是位小事糊涂、大事清楚的人。他从小就让双亲担心，因为他记忆东西非常困难。他的一位亲戚曾经回忆说：

“全家都认为他的脑子有点怪，他的母亲要帮他写作文，可是他却能给他老师讲解数学问题。家里没有一个人真正了解他。”

他当了教授后也是这样。有一次他认为他的助手赫克的工资太低，决定去柏林找文化部长交涉这件事。可是当他谈完其他事务后，却一时记不起来还有件什么事必须对部长说。于是把他那光光的脑袋伸到窗外，向在楼下等他的夫人喀娣喊叫：

“喀娣，喀娣！我必须要说的那件事是什么事呀？”

“赫克，”喀娣抬头回应道，“大卫·赫克！”

部长见状，大吃一惊。也许这一惊，倒使部长爽快地同意给赫克工资涨一倍。希尔伯特高兴得光光的额头上大泛红光。

还有一件事，也很能说明他的性格。1914 年 8 月，德国悍然发动战争，占领了西边小国比利时。全世界知名知识界人士莫不表示愤慨。德国政府为了证明德国政府的行动是正义的，让德国一批最著名的科学家、艺术家们发表了一个臭名昭著的《告文明世界书》，它开头的第一句话就是：

“说德国发动了这场战争，这不是事实。”

还说：“德国侵犯了比利时的中立，这不是真实的。”

简直是欲盖弥彰，谎言连篇，真乃不知天下有羞耻二字！但奇怪的是，许多德国著名科学家、艺术家在上面签了字，其中包括普朗克、能斯脱、伦琴、维恩、克莱茵等人。但爱因斯坦和希尔伯特没有签名。爱因斯坦因为同时是一位瑞士公民，问题还不严重，但希尔伯特却是地道的德国人！于是大家都鄙视他，称他为“卖国贼”，连许多学生都不听他的课，表示抗议。

但是不久之后，普朗克、克莱茵……都后悔不迭，觉得他们由于冒失，做了不可饶恕的错误事情……

好了，闲话似乎扯多了，还是书归正传，来讲希尔伯特“改造”物理学的壮举吧。在爱瓦尔德的帮助下，希尔伯特逐渐了解了物理学研究的热点。他决定研究辐射理论。我们知道，辐射理论是当时困扰物理学家的一个课题，普朗克、维恩和爱因斯坦等大师级物理学家都对它进行过深入研究，虽说普朗克提出了量子论，想以此摆脱困境，而且取得了可观的效果，却又引起了更大的混乱和疑惑。希尔伯特自然会关注这方面的研究，并认为这个问题有可能建立在人们能够接受的数学基础之上。1912 年，他从若干物理概念出发，建立了几个积分方程，而且推导出了辐射理论的几个基本定理，并为这些定理奠定了公理化的基础。这些成绩无疑使希尔伯特感到高兴，认为这是为物理学公理化统一提供了一个模式。

爱瓦尔德离开哥丁根以后，索末菲又推荐他的研究生兰德作希尔伯特的助手，这时希尔伯特开始瞩目于物质结构，如电子理论。希尔伯特这时想出了一个更好使用物理助手的绝招，他把一大叠最近发表的物理学论文让兰德去读，然后挑出有意义的东西向他本人报告。兰德开始真觉得苦不堪言，他曾在回忆中写道：

“各种各样的课题，固体物理、光谱学、流体力学、热学和电学，凡是他能到手的论文我都要读，然后挑出我认为有意义的文章向他报告。”

不过，这样苦了一段时期以后，兰德觉得自己颇有长进，他高兴地感谢起希尔伯特的“苦苦相逼”，说：

“这确实是我的科学生涯的开端，要不是希尔伯特，我也许一辈子也不会阅读这么些论文，更不用说去消化吸收它们了。当你必须给别人讲解一个课题时，自己首先就应该真正理解这个课题，并能用自己的语言来表述。”

希尔伯特听了兰德的讲解以后，只向耳朵里装吗？那你才猜错了呢。希尔伯特这样聪明绝顶的数学家对“老师”来说，可绝对不是省油的灯，“老师”也绝不好受。果然如此。

“他可不是一个好教的学生。”兰德回忆说，“在他理解一个问题以前，我必须重复好几遍。他喜欢复述我告诉他的东西，但却是用一种更系统、更清楚、更简单的方式。有时我们碰头以后，他马上安排一次讲演，内容就是我们刚讨论的课题。我记得我们常常肩并肩地从他的住地韦伯街，步行去讲演厅。在这步行的最后几分钟里，我还在向他解释有关的问题。然后，他就试着到课堂上去讲我对他讲的东西，当然用的是他的方式。这是一种数学家的方式，与物理学家的表达方式迥然不同。”

希尔伯特雄心勃勃地向物理学进军，他要让物理学家开开眼界。尤其是当他成功地用数学家的方法得出几乎与爱因斯坦相同的广义相对论以后，他的雄心和洋洋得意，恐怕已经不仅仅深藏在内心，而是有些溢于言表了。至少爱因斯坦已经感受到哥丁根数学家那份沾沾自喜的气息了。有一次，爱因斯坦略带讽刺地开玩笑说：

“哥丁根的人，有时给我的印象很深，就好像他们不是想要帮助别人把某些事情解释清楚，而只是想证明他们比我们这些物理学家聪明得多。”

当 1915 年颁发第三次鲍耶奖时，希尔伯特推荐爱因斯坦。你知道希尔伯特为什么要推荐爱因斯坦得这个数学奖吗？原来希尔伯特看中的不是爱因斯坦相对论中深刻的物理思想，而是因为“他的一切成就中所体现的高度的数学精神”。

但希尔伯特改造物理学的雄心壮志和他那份沾沾自喜并没有延续太久。到 1922 年，他叹了一口气，说物理学还得由物理学家来干，数学家干不了！

不过，这是希尔伯特这个伟人说的，若论他对物理学的贡献，那也足以使他成为一个世界级物理学大师了。而且，数学家越俎代庖固然不可取，但数学家深邃的数学思想，却往往对处在迷津中的物理学有巨大的指导、启发作用。狄拉克曾指出过：

“数学是特别适合于处理任何种类的抽象概念的工具，在这个领域内，它的力量是没有限制的。正因为这个缘故，关于新物理学的书如果不是纯粹描述实验工作的，就必须基本上是数学的。”

狄拉克说的话太对了！希尔伯特越俎代庖虽未成功，但有一次却着实让他开心地大笑起来。这次大笑正好印证了狄拉克的这句话。

好，请读者看下面一个更精彩的、令他开心大笑的故事。

## （三）

1925 年到 1926 年，在物理学中出现了一件“怪事”，使几乎所有的物理学家都困惑起来。一件什么样的怪事呢？原来，当时世界上最顶尖的物理学家都在集中精力思考电子到底如何运动。他们都发现，想利用经典物理学的办法去克服探索中的困难，无异于像唐·吉诃德用他那支破矛去攻击坚实的磨坊一样，是注定会头破血流、遍体鳞伤的。一批年轻的物理学家如玻恩、海森堡、泡利等人，都越来越倾向于相信物理学的基础必须根本改变，应该建立起一种新的力学，即“量子力学”。

这个新的名词是玻恩在1924年发表于德国《物理杂志》上一篇文章中首次提出的。但量子力学到底是什么样的呢？当时谁也不清楚。

为了新力学的诞生，物理学家们真可谓废寝忘食、呕心沥血。1925年春天，两位对量子力学将作出重大贡献的物理学家都病倒了。一位是海森堡，另一位是薛定谔。海森堡被枯草热折磨得无法工作，他的导师玻恩破例给他放了假，还建议他到地处北海的赫尔果兰岛上去休息，那儿怪石嶙峋，大约不会有什么花粉折磨他。恰好这时薛定谔也因肺病而上了山，在阿尔卑斯山上宁静的阿罗扎木村休养。一个在岛上，一个在山上，都想远离喧嚣的城市，让自己的头脑清醒一下，以便再次投入紧张的思考。美国作家梭罗说得好：

“太阳，风雨，夏天，冬天……大自然的不可描写的纯洁和恩惠，它们永远提供这么多的健康，这么多的欢乐！”

宁静而清新的北海！宁静而清新的阿尔卑斯山！它们不仅为两位物理学家带来了健康、欢乐，而且还奇异地诱发了他们的灵感，使他们的思想得到了升华！于是，“奇迹”降临了。我们说是奇迹，实在并不夸张，因为他们两人几乎从完全对立的概念出发，得到了各自伟大的发现，他们两人的发现在表观上完全对立，但又都能自洽地解释微观粒子的运动！天下还有比这更令人惊奇的奇迹吗？

海森堡认为，量子的不连续性是最本质的事实，以这一思想为基点，他认为描述微观粒子运动的力学，应该像爱因斯坦建立相对论那样，以“可观测量”作为基点，不可观测的量如轨迹等不予考虑。但是，牛顿力学一直是以考虑连续量为己任，用的是微积分；现在考虑的对象是不连续的量，那么该使用什么样的数学工具才行呢？海森堡当时只有 24 岁，真可谓“明知山有虎，偏向虎山行”，“落在鬼手里，不怕见阎王！”他决定自己去闯出一条路，寻找适当的数学形式和方法来描述微观粒子的运动规律。他的数学老师玻恩曾惊叹地说：

“这个外行虽然不知道适合他的用途的数学分支，可是一旦需要，他就能给自己创建适用的数学方法。这个外行该有多大的天才啊！”

有一天晚上，他用他发明的方法计算到凌晨 3 点钟。奇迹出现了！他终于发现自己很可能取得了突破性的进展。他后来回忆这天凌晨的激动情形时说：

“一天晚上，我就要确定能量表中的各项，也就是我们今天所说的能量矩阵，用的是现在人们会认为是很笨拙的计算方法。计算出来的第一项与能量守恒原理相当吻合。我十分兴奋，而后犯了一些错误。但后来在凌晨 3 点钟的时候，计算的结果都能满足能量守恒原理，于是，我不再怀疑我所计算的那种量子力学具有数学上的连贯性与一致性了。我感到极度惊讶，我已经透过原子现象的外表，看到了异常美丽的内部结构。当我想到大自然如此慷慨地将珍贵的数学结构展现在我眼前时，我几乎陶醉了。我太兴奋了，以致不能入睡。天刚蒙蒙亮，我就走到了这个岛的南端，以前我一直向往着在这里爬上一块突出于大海之中的岩石。我现在没有任何困难攀登上去了，并等待着太阳的升起。”

但是海森堡心中有一团没有解开的疑团，让他“非常不安”。这是因为在他的数学方案中，将两个可观测量（如频率、强度……）$A$ 和 $B$ 相乘时，$A$，$B$ 不能交换，即 $AB \neq BA$。这显然与我们熟知的乘法交换律不符（如 $2 \times 3 = 3 \times 2$），这点“异常”几乎使海森堡丧失了信心。他没有料到，正是 $AB \neq BA$ 中，潜藏着微观世界中极为重要的一个规律。

幸亏后来玻恩知道了，并告诉海森堡，他用的数学方法在数学中叫“矩阵代数”。于是在玻恩的帮助下，海森堡终于建立起微观世界的力学——矩阵力学。

正在这时，又出了一件怪事。在阿尔卑斯山上恢复了健康和清醒了头脑的薛定谔，在强调微观粒子波动性（波动性强调的是连续性!）的基础上，提出了鼎鼎大名的“薛定谔方程”。这是一个描述波动的微分方程，借助于它薛定谔也成功地描述了微观粒子的运动。由于波动方程是物理学家十分熟悉的数学工具，而且薛定谔方程强调的是连续性思想，这使得绝大部分物理学家感到欣慰、振奋，甚至认为物理学终于得救，从此不再需要那些不连续性的劳什子了！薛定谔的“波动力学万岁”!

1926 年春天，海森堡得知薛定谔的波动力学以后，极度震惊、困惑。为什么两人对同一事物的看法，会如此不同呢？打个比方说，面对同一景色，在海森堡看来是险峰峭壁（量子跃迁）；而薛定谔看到的却是起伏平缓的丘陵地（物质波）。其实这并不奇怪，正如中国著名诗人苏轼在一首诗中所说：

横看成岭侧成峰，
远近高低各不同。
不识庐山真面目，
只缘身在此山中。

可惜海森堡、玻恩以及薛定谔都未能参悟这种天机，却各执一端，相互攻击对方的理论。海森堡写信给薛定谔说：

“我越是思考你那理论的物理意义，我越感到对你的理论不满，甚至感到厌恶。”

薛定谔毫不留情地回敬说：

“我要是对你的理论不感到厌恶，至少会感到沮丧。”

当物理学界都感到莫衷一是、极度迷惘时，当薛定谔和海森堡两人相互指责、争论不休时，在哥丁根的希尔伯特却颇有几分自得地哈哈大笑起来，并且调侃地说：

“你们这些物理学家呀，谁让你们不听我的话？早听了我的话，岂不省却了如今这场麻烦吗？”

玻恩和海森堡听了这句话，不由得倒抽了几口凉气，而且后悔不迭；但其他人听了却莫名其妙，还以为希尔伯特又在装神弄鬼，故作惊人之语。因为希尔伯特有这种业余的小爱好，说些没来由的话让人摸不到东南西北。

为什么玻恩和海森堡两人后悔不迭呢？原来当矩阵力学刚刚由海森堡提出来的时候，他们两人曾专门向希尔伯特请教过有关矩阵代数运算方面的问题。希尔伯特是大数学家，曾对矩阵代数有过专门研究。他说：

“根据我的经验，每当我在计算中遇到矩阵时，它们多半是作为波动微分方程的特征值出现的。因此，你们那个矩阵也应该对应一个波动方程，你们如果找到了那个波动方程，矩阵也许就很容易对付了。”

遗憾的是，这两位物理学家都犯了一个致命的错误，那就是他们没有认真听取希尔伯特的提醒，去找出“那个……波动方程”，还以为希尔伯特根本不懂量子力学，在那儿胡说八道。结果，让薛定谔找到了这个波动方程，还得了诺贝尔物理学奖。如果他们两人虚心一点，认真向希尔伯特深入讨教一下，详细了解一下希尔伯特的数学思想，那么，在物理学中薛定谔方程就可能不会出现，出现的将是“玻恩—海森伯方程”了！而且还会早半年出现！这就难怪希尔伯特看见物理学家们那副吃惊而窘迫的模样时，不由得开心地哈哈大笑起来！

中国有句成语说：

“智者千虑，必有一失。”

希尔伯特是智者，他的思考玻恩和海森堡都不去重视，那么失去这一宝贵的发现机会，也真是天意了。

# 彭加勒与爱因斯坦的相对论

英费尔德 L："在我看来，即使没有您建立狭义相对论，它的出现也不会很久。因为彭加勒已经很接近构成狭义相对论的那些东西了。"

爱因斯坦："是的，你说得对……"

彭加勒在（1909 年）的哥丁根的演讲中为什么不提及爱因斯坦？为什么彭加勒从未把爱因斯坦与相对论联系起来？……是坏脾气或职业的妒忌吗？我不这样认为，因为……

——佩斯 A

稍懂相对论历史的人都知道，在狭义相对论建立之前，彭加勒对于物理学的理解已经非常接近狭义相对论了。我们甚至可以说他的前脚已经跨进了相对论的门槛，后脚正待提起以完成这一跨越动作。可惜他的后脚被门外的泥浆粘住了，直到他去世，也没有把那只后脚拔起来提进门内。

1898年，即爱因斯坦建立狭义相对论的前7年，彭加勒在一篇非常杰出的文章中对“同时性的客观意义”提出了疑问。这篇文章的题目是《时间的测量》（la Mesure du Temps）。在文中彭加勒写道：

“我们没有两个时间间隔相等的直觉。相信自己具有这种直觉的人是受到了幻觉的欺骗。”

他还指出：“把同时性的定性问题和时间测量的定量问题分离开来是很困难的；无论是利用计时器，或是考虑光速那样的传播速度，情况都如此，因为不测量时间，就无法测量出这种速度。”

彭加勒花费了相当多的篇幅，讨论了同时性定义的种种错误之后，在文章最后结尾时作了如下总结：

“两个事件同时，或者它们相继的次序、两个相等的时间间隔，是这样来定义的，以使自然定律的叙述尽可能简单。换句话说，所有这些规则、定义，都只不过是无意识的机会主义的产物。”

在1902年出版的《科学与假设》一书中，彭加勒进一步指出：

“物体在任何时刻的状态和它们的相互距离，仅取决于这些同样的物体的状态和它们在初始时刻的相互距离，但是完全不依赖该系统的绝对初始位置和绝对初始取向。简而言之，这就是我所命名的相对性定律。”

对于牛顿采用的绝对空间，他明确指出它“并没有客观存在性”，因而他本人“完全不能采纳这一观点”。

到1904年，彭加勒在美国圣路易斯召开的国际艺术和科学大会的发言中，根据大量实验事实，正式提出了“相对性原理”这个名称。他指出：

“根据这个原理，无论对于固定观察者还是对于做匀速运动的观察者，物理定律应该是相同的。因此，没有任何实验方法用来识别我们自身是否处于匀速运动之中。”

更令人惊诧的是，他已经预见到新力学的大致图像：“也许我们将要建造一种全新的力学，我们已经成功地瞥见到它了。在这个全新的力学里，惯性随速度而增加，光速变为不可逾越的界限。原来的比较简单的力学依然保持为一级近似，因为它对不太大的速度还是正确的，以致在新力学中还能够发现旧力学。”

1905年，彭加勒在《电子的动力学》一文中，除了将1904年演讲中提出的思想具体化、精确化以外，还首次提出了洛伦兹变换和洛伦兹变换群，他从数学上对洛伦兹变换形成一个群作了论证，甚至含蓄地使用了（闵可夫斯基在 1907 年才使用的）四维时空表达式。

但令人非常疑惑的是，一个如此接近最终发现相对论的卓越科学家，却始终对爱因斯坦的狭义相对论保持缄默。这一个问题，是每一个研究相对论历史的人都回避不了的一个难题。正如英国科学史家戈德堡（Goldberg S）所说：

“彭加勒从未对爱因斯坦的狭义相对论作出任何公开反应，这是有案可查的。因此，他对爱因斯坦工作的态度和对整个事态的缄默，就变成某种神秘的东西。但有一点是可以肯定的，那就是彭加勒知道爱因斯坦的相对论的著作。”

戈德堡还指出：“在彭加勒公开发表的文献中，唯一涉及爱因斯坦工作的，是对爱因斯坦的一篇论光电效应理论文章的评论，而且这个评论相当没有理由。”

那么，彭加勒到底是出于一种什么样的原因，对爱因斯坦的相对论是好是坏连一句话都不说呢？这其中一定有深刻的原因。

## （一）

朱尔斯·亨利·彭加勒（Poincaré J H，1854—1912）是法国著名数学家，他在数学上所取得的成就，使他可以与德国的“数学王子”高斯相媲美。英国数学家希尔维斯特

(Sylvester J J)曾这样谈到彭加勒：

“我最近访问过彭加勒。在他那非凡的、喷涌而出的智力面前，我的舌头一开始竟不听使唤了。直到过了约两三分钟以后，当我能够看清他那飞扬着青春活力的面容时，我才找到了说话的机会。”

像许多伟大的数学家一样，彭加勒不仅在数学上有卓越的贡献，而且在天文、物理和科学哲学等方面都有了不起的成就。从前面所讲的内容可知，在相对论的创建中，除了爱因斯坦，恐怕彭加勒是最接近这一理论的科学家了。正因为彭加勒如此知识渊博，而且作出了如此广泛的贡献，所以达尔文(Darwin G，进化论创立者达尔文的儿子）说：

“彭加勒是一位起统帅作用的天才人物；或者可以说他是科学的守护神。”

彭加勒于 1854 年 4 月 29 日出生在法国的南锡（Nancy)。他的父亲是南锡医科大学的教授，是一位一流的生理学家兼医生。彭加勒有一个堂弟叫雷蒙·彭加勒(Raymond Poincaré)，曾出任过法国总理，1913 年当选为法兰西共和国总统。

有一件轶闻与这对堂兄弟有关。在第一次世界大战期间，一群英国军官问他们国家的大数学家、哲学家罗素（Russell B A W，1872—1970；1950 年诺贝尔文学奖获得者)：

“谁是当代法国最伟大的人?”

罗素不假思索地说：“彭加勒!”

这些军官以为是雷蒙·彭加勒，于是高呼：

“啊，是法国总统!”

“不，我指的不是雷蒙·彭加勒，而是他堂兄亨利·彭加勒!”

亨利·彭加勒虽然家庭很富裕，而且不乏书香之气，但他在童年却受到疾病不断的折磨，这使他处于十分不幸的境地。他的运动神经共济功能不协调，因此手指不大听使唤；喉头由于白喉后遗症留下喉头麻痹症。也许正是由于身体上的缺陷，使他后来从事理论上的研究。

彭加勒从小就热爱学习，常常因为学习而忘记吃饭，人们常用“心不在焉”来形容他的生活作风，但他过人的记忆力和才智，着实让许多人不仅吃惊，而且大开眼界。有一次学校举行数学竞赛，同学们知道彭加勒是有名的“心不在焉”的人，于是把他骗到高年级教室去参加竞赛，想开个大玩笑。但出乎意料的是，他很快做完试卷上的题目，然后扬长而去。同学们直纳闷：

“他究竟是怎么解出这么难的题目的呢?”

有意思的是，在彭加勒一生中，几乎总有人为这种事纳闷，因为他总是能把别人解不开的难题迅速解出来，而且几乎总是不费吹灰之力一样。

1871 年底，彭加勒进入巴黎综合工科学校，1875 年毕业。后来他又进入高等矿业学校学习，本想将来当一名工程师，但到 1879 年，他却获得了数学博士学位。从此，彭加勒一生的时间、精力都贡献给了数学和物理学。

由于他研究的成果巨大，1887 年当他才 33 岁时就被选为巴黎科学院院士。这么年轻就成为院士，可谓空前的奇迹。

不久，由于他在天体力学方面的工作及对“三体问题”的研究成果，他于 1889 年荣获瑞典国王奥斯卡二世奖金；他在潮汐及转动的流体球等方面的理论研究，支持了达尔文 G H 的潮汐假说。

除了数学、物理学研究以外，他对科学哲学也很有兴趣，写出了《科学的价值》、《科学与方法》、《科学与假设》以及《最后的沉思》一系列科学哲学著作。对科学哲学的发展起了重大作用。爱因斯坦曾说：

“彭加勒是敏锐深刻的思想家。”

更令人惊讶的是，由于他的文学才华，他还获得过“法国散文大师”的称号，这可是每个法国作家梦寐以求的荣誉啊！

到了 50 岁以后，彭加勒多病的身体开始出现麻烦。1912 年 6 月 26 日，是他临终前 3 周的一天，他还抱病在法国道德教育联盟成立大会上作演讲。在会上他说：

“人生就是持续的斗争。如果我们偶尔享受到相对的宁静，那正是我们先辈顽强地进行了斗争。如果我们松懈我们的精力、警惕，我们将会失去先辈们为我们赢得的斗争成果。”

他还特别指出：

“强求一律就是死亡，因为它对一切进步都是一扇紧闭的大门；而且所有的强制都是毫无成果的和令人憎恶的。”

彭加勒的一生，就是独立思考、坚持奋斗的一生。正如他的一位传记作者达布（Darboux G）所说：

“他一旦达到绝顶，便不走回头路。他乐于迎击困难，而把更容易到达终点的工作留给他人。”

## （二）

中国战国时代有一则哲学寓言故事《画蛇添足》，故事云：

“楚有祠者，赐其舍人卮（zhī，古盛酒器皿）酒。舍人相谓曰：‘数人饮之不足，一人饮之有余。请画地为蛇，先成者饮酒。’一人蛇先成，引酒且饮之，乃左手持卮，右手画蛇曰：‘吾能为之足！’未成，一人之蛇成，夺其卮曰：‘蛇固无足，子安能为之足？’遂饮其酒。为蛇足者，终亡其酒。”

引用这段寓意深刻的故事，是想说明彭加勒本来已经具备了几乎所有相对论的知识，但却由于“画蛇添足”，失去了饮胜利之酒的机会，眼巴巴地看着爱因斯坦在几乎相同的知识背景下，发动了一场轰动全世界的科学革命。

前面我们已经说过，在 1904 年 9 月圣路易斯召开的国际艺术与科学大会上，彭加勒正式提出了普遍的相对性原理，他说：

“根据这个原理，无论是对于固定的观察者还是对于做匀速运动的观察者，物理定律应该是相同的。因此没有任何实验方法用来识别我们自身是否处在匀速运动之中。”

他还预见了新的力学，在新力学里，光速是不可逾越的界限，等等，这一切迹象都表明，彭加勒正向狭义相对论走去，但是，他突然犹豫不前了，因为他接着指出：

“遗憾的是（这个推论）还不够充分，还需要辅助假说；人们应该假设：运动的物体在它们的运动方向上均匀地收缩。”

我们知道，在爱因斯坦的狭义相对论里，运动着的物体在运动方向上收缩，是爱因斯坦两个基本假设的自然结果，是一种运动学中的测量效应。由此可知，彭加勒到1904年并没有懂得相对论。到1909年4月，此时爱因斯坦的狭义相对论已提出有5个年头了，可彭加勒在哥丁根的演讲中仍然坚持说，在“新力学”中需要3个假设作其理论基础。前两个与爱因斯坦的“相对性原理”和“真空中光速恒定”是一样的，但他又一次强调指出：“我们仍然需要建立第三个假设，它更令人吃惊，更难于接受，这个假设对于我们目前已习惯的东西来说是很大的阻碍。做平移运动的物体在其位移方向上变形……不论它对我们来说多么奇怪，但我们必须承认，已完全证明了这第三个假设。”

这充分说明，彭加勒直到他去世前3年还不懂得狭义相对论的基本精神，即他不明白物体长度在位移方向上的收缩，是前两个基本假设的结果。这其中的原因，大约是由于彭加勒只注重或强调动力学，而不大相信诸如棒的收缩这类效应只不过是一种“运动学的效应”。这从彭加勒 1906 年和 1908 年的两篇文章中可以看出这一点。在这两篇文章里，彭加勒对洛伦兹变换作了有意义的讨论，但他并没有看出这些变换就意味着棒的收缩，他与洛伦兹有共同之点，都认为这种收缩是动力学上的原因，他们都强调动力学。正由于彭加勒从根本上没有理解狭义相对论，所以他才犯了一个“画蛇添足”的、令人不免有些遗憾的错误。

不过话说回来，在那个时代彭加勒不相信收缩是一种相对论效应，也不是什么不可理解的怪事，有一件发生在爱因斯坦身上的趣事可以说明这点。1925 年 10 月，当荷兰物理学家乌伦贝克（Uhlenbeck G E，1900—1974）和高斯密特（Goudsmit S A，1902—1978）在提出电子自旋理论时，因为其理论结果与实验结果相比较少了一个因子 2，这是使当时包括泡利、海森堡、玻尔和爱因斯坦等人在内的物理学家都大感棘手的一个困难，泡利还因此在相当长的时期内不承认电子有什么自旋。当后来英国年轻的物理学家托马斯（Thomas L H）指出，这个因子 2 是由于忽略了一个“相对论效应”而引起的时候，连发现相对论的爱因斯坦都吃了一惊！乌伦贝克曾回忆说：

“我记得当我第一次知道托马斯的想法时，我几乎不相信一个相对论效应会产生一个因子 2，而不是 $v/c$ 这样一个数量级。这一点在这儿不作解释，我只需要指出，即使对相对论效应十分熟悉的人（包括爱因斯坦），都对此感到十分惊异。”

## （三）

当然，如果从动力学观点观之，彭加勒的想象力不能说不惊人。但是，历史是无情的，彭加勒充其量只能说他“非常接近”相对论。相对论与他可说是失之交臂。

要分析其原因，那也是仁者智者，各有各的见解。本文只着重从时空观进行一些分析，但这绝不意味不能从哲学、方法论的角度进行分析。

彭加勒重视的动力学分析是洛伦兹的动力学，即以太是他们设想中的物质电子论的组成部分，而电子与以太的相互作用力是导致洛伦兹收缩的（动力学）原因。事实上，彭加勒正是试图把整个物理学大厦建立在包括以太的电子论基础之上。1904 年以后，彭加勒已经开始对这一理论感到满意了。1908 年，他在《科学与方法》一书中放心地指出，由于迈克尔逊否定的结果，使得物理学家需要寻求一个“完善理论”。彭加勒宣称：“该理论由洛伦兹—斐兹杰惹假设完成了。”由这种肯定的答复我们可以看出，在彭加勒的观念中，以太仍然是不可缺少的。事实上他在同一本书中就曾明确指出：

“无论如何，人们不可能逃脱下述印象：相对性原理是普遍的自然定律，人们用任何想象的方法永远只能证明相对速度，所谓相对速度，我不仅意指物体对于以太的速度，而且也意指物体彼此相关的速度。”

无论怎样精心改造以太，但只要保留以太实际上就意味着保留了绝对空间的概念。戈德堡的评论是有道理的，他说：

“彭加勒在他的著作中还保留着绝对空间的概念，不管这种空间是否可以观察得到。虽然他承认，不同参照系的观察者会测出相同的光速，但对他来说，这种一致、这种不变性是测量的结果。在彭加勒的思想中有一个优越的参照系，在这个参照系中光速实际上才是一个常数。”

对于同时性的客观意义，彭加勒虽然提出过有价值的疑问，但他没有考虑到同时性的相对性问题，因而对“时间的绝对性”问题没有提出质疑。

正是由于在时空观上他还没有完成革命性的突破，所以他不可能像爱因斯坦那样，把两个原理提到普遍公设的高度来对待，更不可能想到要把两个原理结合起来创立新的时空观。事实上，彭加勒把相对性原理看作是一个“事实”，认为它还需要实验的证实。1905 年前后，当德国著名实验物理学家考夫曼(Kaufmann W，1871—1947)公布他的高速电子质量—速度关系实验报告时，由于该实验结果不利于洛伦兹和爱因斯坦理论，结果它竟然“压垮了”洛伦兹，也使彭加勒以多少有些谨慎的态度来表达他对相对论原理的支持。

洛伦兹在 1906 年 3 月 8 日给彭加勒的信中悲观地写道：

“非常不幸的是，我的电子可以变扁平的假说与考夫曼的结果相矛盾，我必须放弃它。”洛伦兹的这种悲观情绪，颇有点令人惊讶、不解，那么多年精心探索的成果，因为一个单独的实验报告就心甘情愿地放弃了！

彭加勒比较镇定，但考夫曼实验也给了他强烈影响。1906 年，他在一篇文章中写道：“实验给阿伯拉罕的理论提供了证据，相对性原理可能根本就不具有人们所认为的那样有重大的价值。”

同年，在巴勒摩论文中他再次表示，由于考夫曼的实验结果，“全部（相对论）理论，将受到威胁”。但他同时又认为，在作出肯定结论之前，需要慎重，因为这是一个十分重要的问题，他希望有更多的实验物理学家来做这类实验。

对他们两人的不同反应，美国物理学家米勒（Miller A）作了一个简单而又颇为中肯的分析，他在《爱因斯坦的狭义相对论》一书中写道：“对洛伦兹来讲，考夫曼的实验威胁一个理论；而对彭加勒来说，危及的是一种哲学观，这种哲学观强调相对运动原理。”

而爱因斯坦直到 1907 年才第一次明确地对考夫曼实验表

态。爱因斯坦在题为《关于相对性原理和由此得出的结论》的文章中写道：

“这种系统的偏差，究竟是由于没有考察的误差，还是由于相对论的基础与事实不符合，这个问题只有在有了多方面的观测资料后，才能足够可靠地解决。”

接着，爱因斯坦从认识论的高度，拒绝让这些“事实”来决定他的理论的命运。

后来，爱因斯坦的预言果然被他证实，这就难怪后来的物理学家、哲学家们对爱因斯坦的科学哲学观极感兴趣并由衷地赞赏了。不过，这种赞赏和分析不是本文的任务，这儿不能展开。

通过本节所述的种种事实，我们可以确信，彭加勒虽然朦胧地预见了新力学的诞生和它的大致轮廓，但是由于他没有完全理解其中时空观的根本变革，因而他没有发现相对论力学，是不足奇怪的。

## （四）

如果说彭加勒没有发现狭义相对论是不足奇怪的，那么他一直对爱因斯坦和狭义相对论保持缄默，倒十分令人奇怪了。

我们都知道，1909 年 4 月，彭加勒在哥丁根连续作了 6 次演讲，最后一次演讲的题目是“新力学”，专门讨论与相对论有关的问题。但是，彭加勒在他的演讲中闭口不提爱因斯坦和爱因斯坦的狭义相对论。这时的狭义相对论，已不同于1905年的情形，已有许多知名物理学家和数学家为相对论的诞生欢呼，如普朗克、索末菲、埃伦菲斯特、劳厄、拉登堡（Ladenburg R W，1882—1952）和闵可夫斯基等等。人虽然不是太多，但阵容已经不弱了，尤其是数学家闵可夫斯基在1908年于科隆（Cologng）作了题为“空间和时间”的热情洋溢的报告后，引起了许多听众“极大的激动”。尤其是他的结束语，那真是令人心潮澎湃。他说：

“相对论原理绝对是正确的，我喜欢思索这个由洛伦兹发现、并被爱因斯坦进一步揭示的世界电磁图景的真正核心，现在它将大放光彩。”

从1908年起，爱因斯坦的名声已经在科学界迅速增大。但彭加勒在1909年作报告专门谈相对论时，却三缄其口，完全不提及爱因斯坦的工作。这儿还必须提到一件事情，在爱因斯坦关于相对论的论文中，也只有一次提到过彭加勒的名字，那是1921年1月27日在普鲁士科学院作题为“几何学与经验”的报告时，他在报告中提到：

“那位敏锐的、深刻的思想家彭加勒……”

但爱因斯坦作这报告时，彭加勒已经去世9年了。

1911年10月在第一届索尔维会议上，爱因斯坦第一次

（也是最后一次）见到了彭加勒。事后爱因斯坦对赞格尔（ZanggerH）说：

“彭加勒对相对论简直有一种天生的厌恶，尽管他聪明而又有才智，但他对狭义相对论的确一点也不理解。”

1920 年 12 月，《纽约时报》记者在问及相对论起源时，爱因斯坦没有提到彭加勒的贡献，他只提到洛伦兹。令人费解的是，直到 1953 年，爱因斯坦才在一封信中第一次提到了彭加勒对相对论所起的作用，他这样写道：

“我希望我们这时也应注意给洛伦兹和彭加勒的功绩以适当的荣誉。”

但这种评价，仍然令人失望，这似乎还不够公平。

不过，爱因斯坦在他去世前两个月，终于对彭加勒作出了公正的和最后的评价。他在给希利格（Seelig C）的信中写道：

“洛伦兹已经认识到，以他名字命名的变换，实质上是对麦克斯韦方程的分析，而彭加勒的洞察力使其更加深入……”

上帝保佑！如果爱因斯坦也像彭加勒那样至死缄默其事，那留给后世的谜未免太多了！现在总算有一个开了口，没有把秘密带到坟墓里去。但即便如此，现在对于彭加勒的缄默，仍然没有说出令人信服的原因。许多研究者（如佩斯 A、戈德堡 S 等人）认为，彭加勒从根本上说是不懂相对论的，他很可能认为相对论只是他自己理论大厦中的一个小的部分，根本用不着费心思提到它。他们认为，如果将忌妒作为原因，似乎与彭加勒一生诚实正直、宽以待人、谦虚谨慎、不关心优先权等大家公认的高贵品格不相容。因而普遍的意见是彭加勒只是在时空观上陷入了误区，道德观上他不会陷入误区。

但这样能说清楚吗？我们看是半通不通。彭加勒是科学家，是功勋卓越的科学家，如果他对他不能满意的狭义相对论批评几句，难道有人就因此怀疑他的诚实正直、宽以待人等优秀品德了吗？他批评过不少人的理论，为什么独独不能或不愿批评爱因斯坦的理论呢？戈德堡从认识论、方法论上分析了他们对待理论态度的差异，这也许是很合理的，但这种分析无助于说明彭加勒的缄默和爱因斯坦迟迟不公正评价彭加勒的功劳。

如果我们没理解错的话，佩斯似乎在这个方向上迈出了一小步。佩斯在爱因斯坦传记中说，他感谢莎拉（Sara Pais）让他读一读布卢姆（Bloom H）的一本名为《影响的忧虑》（The Anxiety of Influence）的书，以解开彭加勒与爱因斯坦之间不和谐的关系之谜。布卢姆的几句话给佩斯印象颇深，似乎是“芝麻，开门”的那把钥匙。

布卢姆说：“强有力的诗人靠误解彼此间的思想去创造历史，因为这样他们才会有属于自己的想象的空间。”

布卢姆还说：“强有力的诗人之所以成为强有力的重要人

物，就在于他们坚持与强有力的前辈们拼搏，甚至拼搏到死。”

佩斯读了布卢姆的书后，思想受到启发。他写道：

“我认为，强有力的诗人与其他在任何领域有创造力的强人没有差别。彭加勒对黎曼的反应和爱因斯坦对希尔伯特的反应，在这点上可能都属于这种情况。”

好！这儿可能是研究的突破口。科学研究的心理学是一门绝不应忽视的学科。

# 物理学家

# 伽利略错在何处？

开普勒在《宇宙的和谐》一书中的“天体音乐”

这是一阕什么乐曲？是巴赫的《勃兰登堡协奏曲》？是舒伯特的《野玫瑰》？还是贝多芬的《命运》？也许你想问的问题还不少，其中还会有一个共同的疑问：这一节不是讲伽利略的失误吗，怎么开篇却是一段五线谱？是不是把话题扯得太远了一点？

好，下面我们将逐一给出回答。这段乐谱在音乐史上也许没有什么地位，但在物理学史以及人类认识宇宙的历史上，却起过重大的作用。它既不是巴赫、舒伯特的作品，也不是贝多芬或者任何一位作曲家的作品，它是德国天文学家开普勒在他的《宇宙的和谐》一书中的大作！

那么，这和伽利略的失误有关系吗？有的。伽利略的失误正是基于这阕乐曲的主题思想。

## （一）

我们知道，科学的任务就是要致力于发现客观事物“为什么”是这样的，物理学更是如此。这就正如开普勒（Kepler J，1571—1630）所说的那样：

“天体的数目、距离和运动这三者，引起我热诚的探索，我要弄清楚为什么它们是现在这样，而不是别的样子。”

为了要回答这个“为什么”，各个时代有着各不相同的框架。在牛顿以前，可追溯到古希腊时期，物理学家们的框架是

“和谐”，这就是说可以用“和谐”来回答客观事物的“为什么”。例如，恒星为什么做圆周运动，那是因圆周运动最匀称、饱满、稳定，即最“和谐”。在这一框架下，这样的解释就非常标准了。到了牛顿（Newton I，1643—1727）以后，这个框架被认为是不完全、不精确的，物理学家用“力”的框架代替了“和谐”的框架。直到今天，天体物理学家的主要工作仍然是千方百计地寻找“力”，找到了“力”，也就能正确回答“为什么”。显然，这个框架比起和谐的框架的确有许多的优越性，它可以更精确地解释许多以前无法解决的难题，可以准确预见许多自然现象。

伽利略（Galileo G，1564—1642）生活和工作的时代，正值旧理论的框架受到强烈冲击而处于风雨飘摇之际。16 世纪，在意大利和英国相继在心脏、血管和血液循环方面有了重大发现，古希腊伟大名医盖伦（Galen C，129—199）的见解被证明是错误的。从此，人们对古代（主要是古希腊）学术成就不可动摇的地位产生了怀疑。当时在运动学方面有一个问题是旧框架无法解决的，那就是物体运动的原因。亚里士多德（Aristoteles，前 384—前 322）的理论将运动分为两类，一类是“天然运动”，一类是“受迫运动”（即非自然运动）。前者如星体的圆周运动、重物的下落运动；后者如上抛的石块、物体的水平运动。天然运动的原因，是每个物体都有它自己的“天然处所”，物体有寻求自己的“天然处所”的普遍本能。例如重物有趋向地心（即“宇宙中心”）的本能，所以产生下落运动，物体愈重，其下落速度愈快。至于星体绕地球的运动，那是一种和谐的、无始无终的、永远不离开其天然圆轨道的自然运动。受迫运动则需要在别的物体的强迫作用下才能发生，即亚里士多德所说：“推一个物体的力不再推它时，物体便归静止。”

亚里士多德的这些由直觉推出的结论，人们早就觉得漏洞百出，但在伽利略以前，人们尽管总是为这些问题争论不休，但就是没有人愿意做一个实验来检验这些为人们所争论不休的理论。

伽利略则与他的前辈们大不相同，他崇尚科学实验，强调推理不能建立在直觉的基础上，而应该建立在实验的基础上。他曾耻笑那些不肯做实验的人说：

“为了获得自然力的知识，不去研究船或弩弓或火炮，而钻进他们的书斋里去翻翻目录，查查索引，看看亚里士多德对这些问题有没有说过什么，并且，在弄明白了他的原话的真实含意后，就认为此外再没有什么知识可以追求的了。”

亚里士多德不是说重物越重就下落得越快吗？伽利略并不满足于从理论上驳倒这一错误理论，他干脆登上比萨斜塔，把重量不同的球从高五十多米的塔上丢下来，让那些嘁嘁喳喳争论得没完没了的人看一看。结果，伽利略胜利了，重量不同的球几乎同时落地！这两个球同时落地的声音，不仅宣告伽利略自由落体定律的胜利，而且宣告物理学进入了一个崭新的时代。

伽利略的自由落体定律告诉我们，重物下落并不是它要寻求的什么天然处所，而是地球上每个物体均受到一个“重力”。物体在重力作用下做匀加速运动，其加速度为一个常数，与任何物体无关。伽利略还用斜面实验加上理想实验得出了著名的惯性定律。这一定律指出，“力并非速度的原因，而是加速度的原因”。这样一来，伽利略就为动力学奠定了正确的基础。亚里士多德的运动理论在地球上从此无立足之地了。

按理说，伽利略既然已经摧毁了地面上运动的旧框架的基础，也就不难继而动摇旧框架对天上星体运动的统治。可是不然。

## （二）

当时，有一位科学家第一个认识到，哥白尼关于地球是一颗行星的学说，以及伽利略关于地面运动规则的许多发现，使人们有必要和有可能建立一种既适用于天体、又适用于地球的动力理论。这位科学家就是与伽利略常有信件来往的开普勒。1605 年，他曾给赫瓦特·冯·霍亨伯格写了一封信，在信中他说：

“我一心探讨它的物理原因。我的目标是想指明那天体的机器不宜比作神圣的有机体，而应该比作时钟……因为几乎所有这些多种多样的运动，只是借助于单一的、十分简单的磁力而形成的，就像时钟的各种运动只是由于一个重锤造成的一样。此外，我还可以证明，这个物理概念可以通过计算和几何学表示出来。”

开普勒在1605年就试图用一种力学的框架统一天上、地面的物理学，这实在令人吃惊！尤其是他在探索行星运动速度的各种比例关系时，还那么热衷于用和谐的规律；他还写下了本节开始引用的“行星运行主调”。这么一个极力追求和谐框架的人，却同时是热烈探求新框架的人，这就尤其令人难以想象了。但是，和谐这一框架对他的吸引力太强烈了，这使得他连地面上物体的运动都解决不了，又如何能扩展到天体？开普勒肯定达不到他的目标，因为他还没有建立正确的动力学概念。

但是，对伽利略情况就迥然不同了。伽利略发现了著名的惯性定律；在研究自由落体的加速度时又发现了重力；并且他还用自制的望远镜发现所有的行星都是球形，发现太阳上有黑子，月球表面凹凸不平，从而使亚里士多德关于天体是最完美的、永恒不变的神话从此破灭；进而提出所有的星球都和地球是平权的，它们是由于物质的内聚力而成为球形等等。有了这些卓越的见解和犀利的武器，伽利略足以用来解决天体运动，而且应该说已经走到发现万有引力的边缘了，只要再向前迈进一步，那么这一历史的机会就会被他抓住。但是很可惜，他终于没有能够迈出这一步。尤其是开普勒还曾提出太阳放射出神秘的超距力，这种力可以推动地球及其他行星运动，还特别提到月球力可能是引起潮汐的原因。这些都是极有利的启示。可惜，开普勒这些杰出的见解不仅没有启发伽利略，反而引起他的厌恶。他曾说：

"在所有思考过潮汐……的伟人中，开普勒比别人更使我惊奇。尽管他旷达而敏锐，精通地球运动，他还是听信和附和月亮管辖海洋这种玄妙的性质以及这一类儿戏。"

伽利略之所以没有能够提出万有引力，用他所发现的犀利武器统一宇宙所有的物体运动，除了有一些历史原因（如不理解速度是一个矢量，没有向心加速度的概念等等）以外，还有一个很值得我们注意的原因，那就是他没有摆脱天体运动是一种与地球上物体运动截然不同的、天然的、无始无终的、最完美、最和谐的运动这一传统的观念。这样他就认为天体运动是匀速圆周运动，是一种惯性运动。既然天体运动是惯性运动，因而这种运动当然就不需要力的作用。伽利略的这一错误的结论，不仅使他自己失去了伟大发现的机会，而且在很长的一段时期里，使人们忽视了对万有引力的探索。

由以上这一段历史，我们可以想见，旧的框架和偏见常常会极其顽固地阻碍科学家进行正确的探索，哪怕是杰出的科学家也在所难免。写到这里，倒使我们想起了伽利略早期的一段小故事。

那还是伽利略在读大学时的事，学期一结束，伽利略决定回家度假。家在佛罗伦萨，乘马车得几天的时间。对于一个像伽利略这样精力充沛又勤思好学的年轻人来说，乘几天的马车可真够乏味的了。幸好马车上还装有许多大桶，于是伽利略就开始估算这些桶的容积，以此消遣，打发难挨的时光。作了一番估算后，伽利略对车夫说：

“你的每只桶里装有 300 公升的橄榄油吧？”

马车夫吓了一跳，用怀疑的眼光盯着伽利略：

“你怎么知道的？”

伽利略试着解释给马车夫听。

马车夫生气地说：“你这是巫术！你老实坐我的车吧，你那一套巫术我可不愿意听，留给你自己受用去！”

沉默，可怕的沉默！

伽利略伤感地摇了摇头，轻轻地叹了口气：

“人们身上的偏见多么顽固啊！确立新的思想可真不是一件容易的事情……”

正在这时，马车夫突然甩了一个响鞭，对着马怒气冲冲地吆喝了一声，马车突然加速。伽利略正陷入沉思没有预防，受到他所发现的惯性定律的作用，重重地撞在车栏上。伽利略一面揉着撞疼的地方，一面喃喃地低语：

“真不是一件容易的事情……”

## （三）

伽利略除了在研究中有上述失误以外，他还有一个重大的失误，它不仅严重影响了他晚年的研究，而且使他身心遭受到极大的伤害，最终还被罗马教廷审判、软禁起来，禁止传播他的研究成果。显然，这已经不是伽利略一人受到损害，人类的科学事业同样受到了严重损害。这一失误是与伽利略决定离开威尼斯的帕多瓦大学、回到佛罗伦萨有关。

当伽利略用他制造的望远镜观察月亮、木星的 4 颗卫星以后，他的名声已经震撼整个欧洲。这时，他的家乡佛罗伦萨宫廷传来了信息：请伟大的伽利略回到家乡来，为家乡父老增光。佛罗伦萨宫廷答应给伽利略优厚的待遇：他既是比萨大学首设的数学教授，又同时是宫廷哲学及数学顾问。这两个职位都让伽利略感到高兴。比萨大学的职位使他可以报 19 年前的一箭之仇，19 年前他几乎是被比萨大学不友好地“驱逐”出去，弄得他惨兮兮的，几乎无法生活下去；如今能风光地返回，岂不快哉！

宫廷一位高级官员写信给伽利略说：

“您的主要工作是继续进行科学研究，以此增进宫廷和国家的光荣和利益。”

伽利略收到这封信后，高兴地对好友沙格列陀说：

“我的年薪已可以足够家庭的开销了，不再让我整年整月为它发愁。而且，这两样工作都不会损坏我的健康。我毋需住在比萨，甚至不需要在比萨大学安排固定的课程。这样，我可以把大量的时间安排在我的实验室中。”

1610 年 9 月 7 日天亮前，他在帕多瓦作了最后一次天文观察，观察的对象仍然是木星。

9 月 12 日，他到佛罗伦萨宫廷报到。当他在远处见到佛罗伦萨城市的塔楼时，他虔诚地画着十字，然后低声说：

“我终于回到故乡来了！我想父亲在天之灵应该放心和满意了。感谢主赐给我智慧和力量，使伽利略分享您的荣光。”

伽利略踌躇满志，准备在佛罗伦萨继续用望远镜研究天空，并且写几部书献给佛罗伦萨的国王科西默大公。

但是，伽利略这一步走得真是大错特错了。一位叫罗杰斯（Rogers E M）的天文学家在《天文学理论的发展》一书中写道：

“伽利略接受佛罗伦萨的新职位……为他提供了较有利的机会。伽利略走了这一步也失去了一些朋友。尽管这时他享有他工作所需要的闲暇，但结果证明是不明智的，因为他不是回到了朋友中间而是回到了仇人们中间。”

伽利略一生行事还是十分谨慎的，但这次毅然返回佛罗伦萨却并非明智之举。首先，他在帕多瓦大学的聘期还没有满，就接受了佛罗伦萨的新职位，这使得他不得不辞去帕多瓦大学的职务。这一辞职使他失去了一些朋友，因为这些朋友认为他的这一行动有点不够光明正大，让大家都感到意外和不愉快。而且伽利略虽然为“光荣”重返比萨大学而暗自得意，他却忘了当年在比萨大学时树了许多敌人，那时年轻气盛，他曾经毫不留情地攻击过那些被他称为“纸上谈兵的哲学家们”，因此人们称他伽利略为“气势汹汹的争论者”。现在他以更大的名望回到比萨大学，会受到这些人的欢迎吗？他还忘了，在教会势力强大的地方，那些亚里士多德学派的教授们、因循讨好的伪善者们以及宗教界和科学界的一些对手们，必然会结成联盟来反对那以知识威胁他们的任何学者。

当沙格列陀得知伽利略已经决心接受佛罗伦萨的任职后，立即坚决反对他的这一不明智之举。他严肃地对伽利略说：

“朋友，我看见你已经走上了一条可怕的道路。你看见了真理，还信赖人类的理智，但你不知道你正走向毁灭！你难道不明白，那些有权有势的人怎么可能让一个知道真理的人，自由自在地到处活动呢？即使这真理只是无比遥远的星体的真理！你以为你说教皇错了，他会不知道？你以为他反而会信服你的真理吗？你以为他会像你一样在日记上写上：‘1610 年 1 月 10 日，天被废除了’吗？你离开威尼斯共和国，自己钻进陷阱里去！你在科学上怀疑能力那么强，但你对佛罗伦萨宫廷却又那么轻信；你怀疑亚里士多德，却完全不怀疑佛罗伦萨的大公！”

“伽利略，当你刚才用望远镜向天空观察时，我仿佛看见你站在烈焰熊熊的柴堆上；当你说你相信真理不可战胜时，我似乎已经闻到烧焦的人肉味啦！我爱科学，但我更爱你。伽利略，我的朋友，请你三思而后行，不要去佛罗伦萨吧！”

但伽利略只钟情于天空的奥秘，似乎失去了对形势判断的智慧。他回答朋友的劝告仍然是固执己见：

“如果佛罗伦萨接受我，我还是决定回去。”

还有一位朋友知道伽利略打算离开威尼斯共和国回佛罗伦萨，专程到他家劝说：

“你为什么想到要回佛罗伦萨？”

“我会有更多时间在实验室里工作，而不必忙于授课。”

“你的意思是说，你主要的目的是在佛罗伦萨继续观察天空和写书，是吧？”

“正是。”

这位朋友用不解的眼光盯了伽利略一阵子后，摇了摇头说：

“朋友，我们许多人都承认你是我们这个时代最伟大的智者。但是在许多方面，你却又纯真得像一个小孩一样。你难道不知道，现在已经有某些教会有权势的人在攻击你在《星辰信使》一书中的发现，说你在变着魔术蛊惑人心，说你对《圣经》不敬……你在帕多瓦享受了18年的完全自由，这是因为威尼斯共和国的统治者对罗马教皇的权势无所畏惧，而且在必要时可以挺身而出，为你抵制、抗拒由于‘冒犯上帝’而进行的宗教审判。”

伽利略微微震动了一下，唉，为什么想做一点探索宇宙奥秘的事业，竟有这么多人为的困难呢？探索本身就充满艰辛、险阻，却还要时时提防社会带来的更可怕的阴谋、迫害！回佛罗伦萨的顾忌，伽利略也不是没有，他曾几度压下了自己的思乡之情，但每每想到父亲对达·芬奇（da Vinci L，1452—1519）客死他乡的诅咒时，他就有一种不顾一切返回故乡的决心，使他不愿考虑未来种种可能的下场。更何况，科西默大公如此仁慈和信任他，而且如此迫切地希望他回到佛罗伦萨为故乡争光；那敬贤之情让他感动。他如果只考虑自己得失，岂不枉对江东父老？

不！他应该回去。于是他转身对朋友说：

“在佛罗伦萨我可以在科西默大公保护之下研究天空。他急切盼我归去。”

“但据我所知，佛罗伦萨是直接受罗马教廷控制的。”

“我想在必要时，我将亲自去罗马解释我的新发现。那儿有我不少朋友，我看没有必要认为教会有审判我的敌意吧？”

朋友换一个角度问：

“难道你在帕多瓦度过的18年使你不愉快吗？”

“不，不，在帕多瓦度过的18年是我生平最快乐的18年。在这儿我享有真正的自由，没有这种自由探索的风气，我不会有今日的成功。但我忘不了我父亲提起达·芬奇客死他乡时的憎恶情感。朋友，谁又不爱自己的故乡呢？不管它是偏僻穷困的山村，还是亚得里亚海的天堂威尼斯。对我来说，佛罗伦萨是我生身之地，是最亲爱的地方，我应该回到它的怀抱里去。”

朋友沉思了半晌，然后对伽利略说：

“现在没什么可多说的了，我和许多朋友已经警告过你了，但你不为所动。好吧，让我祝福你回佛罗伦萨之后继续获得成功和幸福！不论怎么说，帕多瓦大学因为有过你这样伟大的学者应该感到骄傲满足了。”

伽利略送走朋友后，不由黯然神伤，落下几滴眼泪。是啊，今后在佛罗伦萨还会有如此忠实的朋友吗？

伽利略终于在 1610 年金秋季节，离开了生活过 18 年的帕多瓦，离了婚的妻子甘芭留在威尼斯，儿子文森佐暂时由甘芭抚养。

别了，自由自在的帕多瓦！

别了，曾给他带来爱情和成功的威尼斯！

别了，忠实的朋友们！

但是，这一别终于铸成大错。当后来伽利略的研究成果与《圣经》的内容有冲突时，教皇乌尔班八世受到伽利略敌人的教唆和挑拨而震怒了，并于 1632 年 9 月 30 日由宗教裁判所下了一纸命令：

“教皇陛下责成佛罗伦萨宗教裁判官以教廷的名义通知伽

利略，他务必于 10 月以内迅速赶到罗马来，听候教廷首席特别代理的审讯。”

伽利略朋友们的预言终于不幸而言中！佛罗伦萨宫廷历来比较驯服于罗马教皇的统治，不像威尼斯那样敢于违抗教皇的指令，于是，一场惨绝人寰的悲剧发生了！一幕宗教对科学可怕的迫害剧上演了！这场迫害与反迫害的斗争几乎延续至今，从未停止。

1633 年 6 月 22 日，伽利略在教廷淫威之下，不得不低下他那高贵的头，孤身一人在阴森的审判庭里，在一群红衣主教、主教、教士和修士面前，颤抖地念着事先写好的“忏悔书”：

“我，伽利莱·伽利略，已放弃自己的主张，并已发誓、许诺和约束自己，有如上述；口说无凭，谨在这份悔改书上亲笔签字……”

我们不难想象，伽利略在这种巨大的侮辱中承受着多大的痛苦！正像一位为伽利略作传的作者所说：

“如果羞辱真能杀人，伽利略在那天晚上就会死去。”

他不仅自己虚伪地宣誓放弃哥白尼的学说，而且宣誓成为教皇的“密探”、“内奸”，举报“任何异端邪说和异端嫌疑分子”！他内心痛苦地呼喊：我不但违背了良心，放弃了真理，居然还在帮助恶势力去铲除热爱真理的人！多么可怕的梦啊！这一切难道都是真的？……可怕的是，这一切正好是真的！这种可怕的噩梦残酷地折磨着衰老的伽利略，使他从没有终止对自己的灵魂的拷问：我是个懦夫，害怕恐怖的刑具，害怕夺走自己的财产而让儿子受穷，害怕由于自己而使儿子永无出头之日，害怕自己背上一个异教徒的名声死去……

“唉，真不如死去才好!”

如果伽利略在1610年不回到佛罗伦萨，而接受朋友们的建议留在帕多瓦，这场悲剧本可避免，那伽利略对科学的贡献肯定会更大，人类的受益也会更多。

# 正确对待实验的结果

## ——谈牛顿、赫兹的失误

事实上，正是像赫兹这样一位物理学家——电磁波的发现者——以前曾经进行过同样的实验，而且错误地导致了这样一种结论：阴极射线是不带电的。这段插曲最清楚地表明了一个基本事实：技术的改进和实验科学的进展是相辅相成的。我们以后还会遇到这个基本真理的更多的例证。

——杨振宁

我们自己为现象创造条件，而不是观察原有的现象。……我控制着现象。这样按照我个人的意思来影响现象的过程，那就称为实验。如果我只是观看，而并不积极地干预，那就是单纯地观察。

——巴甫洛夫

通常，实验是在尽可能排除外界有关影响的前提下，使事件在已知条件下发生，并在突出主要因素的情形下进行密切、审慎的观察，以便揭示各种现象之间的相互关系。美国微生物学家和病理学家杜波斯（Dubos R J）曾说过：

“实验有两个目的，彼此往往不相干：观察迄今未知或未加释明的新事实；以及判断为某一理论提出的假说是否符合大量可观察到的事实。”

实验对于科学研究的重要性，这是人人都知道的，似乎用不着多说，但是有一种倾向往往被人们忽视，那就是对实验的过分信赖。过分信赖已完成的实验而使科学家陷入误区，这在科学史上是屡见不鲜的。尤其值得注意的是，有许多非常卓越的科学家曾在这方面陷入误区。例如，法拉第由于相信各种“自然力”之间必然存在内在联系，曾经尝试用磁来影响光，结果他发现磁场能够引起玻璃内传播的光的偏振面旋转。这真是一个了不起的划时代发现！为了纪念这一伟大发现，画家曾为法拉第绘制了一幅著名的肖像画，画中的法拉第手里拿着一块火石玻璃。后来，法拉第还做过一个试验，他试图用磁场来影响钠蒸气发射的光，但是没有成功。这一结果导致麦克斯韦断言：这种现象是不可能发生的。但是，24 年之后，荷兰一位当时并不知名的物理学家塞曼（Zeeman P，1865—1943）却用衍射光栅完成了法拉第想完成的实验，这就是著名的“塞曼效应”。1902 年，塞曼因此（与洛伦兹 H A 共同）获得诺贝尔物理学奖。

科学实验对于认识客观世界来说，是一个不可或缺的重要手段，但它也是有局限性的。其局限性产生的原因主要来自两方面：一是实验技术具有历史的局限性；另一是研究对象太复杂，科学家一时无法看清它的全貌，常常一叶障目。达尔文曾半开玩笑半认真地说过：

“大自然是一有机会就要说谎的。”

因而，当研究对象必然受到限制的情形下，对实验结果有多大的适用范围，其可靠程度如何，必须慎之又慎，万不可不加分析地盲目信任。

美国化学家班克罗夫特（Bancroft W D，1867—1953）曾指出：所有科学家由于切身的经历都深知，要想从实验得出正确的结果是多么困难，即使有时知道该怎么做也同样如此。因此他强调，对于旨在得到资料的实验，不应过分信任。

通过下面将要研究的三个案例，我们将会充分认识到，班克罗夫特的话是十分准确的。事后看起来一切似乎是那么分明，走出误区的道路多么平坦；但在当时的条件下（指导思想、实验手段、数据处理等等）要想从迷宫中找到阿莉阿德尼线（clew of Ariadne）真是谈何容易啊！

## （一）

第一个案例是鼎鼎大名的牛顿的故事。关于牛顿，我们大约都知道英国诗人波普为牛顿写的墓志铭：

大自然与它的规律为夜色掩盖，
上帝说让牛顿出来吧，
于是一切出现光明！

这首诗表露了诗人对历史上最杰出科学家牛顿（Newton I，1642—1727）的无限敬仰和赞美之情。凡是有机会去英国伦敦的物理学家，都一定会到威斯敏斯特公墓去，因为对人类作出了卓越贡献的伊萨克·牛顿就长眠于此。人们都希望在他的墓前伫立一会儿，以表示对他由衷的感谢，感谢他给人类带来了科学和光明。

牛顿在科学上的贡献的确是很少有人能与之比拟的。恩格斯曾指出：

“牛顿由于发现了万有引力定律而创立了科学的天文学，由于进行了光的分解而创立了科学的光学，由于建立了二项式定理和无限理论而创立了科学的数学，由于认识了力的本质而创立了科学的力学。”

牛顿的成就不仅在于他创立了经典力学和微积分，而且还在于他确立了科学研究的正确方法，即现在所称谓的“物理思想”。这种方法要求科学家首先观察事实，尽可能地变换条件，以便在精确实验的基础上得出最一般的规律，然后通过推理得出个别的定律或定理，又通过进一步的实验来验证这些推理。后来法国物理学家安培（Ampère A M，1775—1836）深知其中奥妙，并根据这一方法创立了经典的电动力学，因而博得“电学中的牛顿”这一美名。

由于牛顿具有这种科学的思维方法，所以他一生对于自己提出的种种理论，都是十分谨慎的。他有一句名言至今仍流传于世：

“在事实与实验面前没有辩论的道理。”

这条他终生遵循的原则，深深体现了他忠实于科学的崇高品质。

但是，牛顿也有背离这条原则而显得不谦虚谨慎的时候。科学史无数次表明，每当一个科学家不谦虚谨慎，盲目相信自己和不尊重事实的时候，他就多半会受到失败的惩罚。牛顿也不例外。

我们知道，牛顿在光学上作出了许多贡献，这方面的主要工作大部分都记载在1704年出版的《光学》一书中。牛顿对光学最主要的贡献是对颜色的研究。

古代人很早就注意到自然界中的光会出现五彩缤纷的颜色，例如彩虹和油薄膜上呈现出相似的色彩。古希腊的亚里士多德认为，颜色是由白与黑、光明与黑暗按不同比例混合的结果。这一看法在牛顿以前一直占支配地位。牛顿的老师巴罗（Barrow I，1630—1677）则提出另外一种见解，认为白光不同程度的聚和散就形成不同的颜色，例如浓缩、聚集程度最高的是红色，稀释、分散到一定程度就成了紫色。1665年，只比牛顿大七岁的胡克（Hooke R，1635—1703）在《显微术》一书里，从光是一种波动的观点为颜色提出了一种具体的物理机制，他认为颜色是由于光在折射时其波前偏转而形成。过了一年，牛顿对光和色也发生了兴趣，开始进行研究，并对颜色提出了一种全新的见解。

牛顿为什么对颜色感兴趣呢？这起因于他想改进望远镜。自从伽利略利用望远镜对天体作了卓有成效的观测以来，许多科学家都热心于望远镜的改良。当时望远镜有两个严重的缺陷亟待改进。一个是球面像差，另一个是色差。球面像差是同一光源发出的近轴光线和远轴光线在通过透镜后，由于成像位置不同而使像的边缘呈模糊状。开普勒于1611年、笛卡儿（Descartes R，1596—1650）于1637年分别对球面像差进行了研究，而且都写了名为《折射光学》的书。当他们弄清楚了球面像差的原因以后，认为可以通过研磨椭圆和抛物线旋转体状的透镜来加以解决。但收效不大。

望远镜的另一个缺陷是色差（或色像差），即白光经过透镜后所成像的边缘呈彩色模糊状。牛顿对改进这一缺陷有着强烈的愿望。但是牛顿十分清楚，要想消除色差必须重新研究颜色的理论。

1666年，那正是他23岁的时候，他买来了一块玻璃棱镜，他要通过实验而不是毫无边际的假说来揭开这一费解之谜！经过一系列有名的“棱镜实验”之后，牛顿得出了如下的结论：

"光本身是一种折射率不同的光线的复杂混合物"，"颜色不像一般所认为的那样是从自然物体的折射或反射中所导出的光的性能，而是一种原始的、天生的存在，在不同光线中有不同的性质"。这就是说，光的颜色是由其单色分布决定的。白光透过棱镜后之所以呈现出红、橙、黄、绿、蓝、靛、紫诸色，是因为白光本来就是由这七种单色光组成，现在只不过是被分开来了，绝不是无中生有或由白光改变而成的。

对今天的读者来说，这些实验和理论似乎都是老生常谈，可在当时却掀起了一场异常激烈的争论。

牛顿确立了颜色的理论之后，色差的原因也就明白了。那么，能不能消除这一弊病呢？如果不同的物质具有不同的折射率，那么色差也许可以通过不同折射率透镜的组合得以消除。牛顿为此设计了一个实验：在一个注满了水的玻璃棱形容器里，放入了一个玻璃棱镜，以观测光线通过它们时折射是否会发生什么变化。牛顿设想，如果不同的物质有不同的折射率，那么这一水和玻璃的组合，肯定会使折射发生某些变化。

这种设想显然是十分合理的。但牛顿万万没有料到他选用的玻璃恰好与水有相同的折射率，所以尽管牛顿将这一实验重复多次，他还是看不到折射有什么改变。于是他犯了一个不可原谅的错误，即从有限的实验事实，得出一个普遍的推论："所有不同的透明物质都是以相同的方式折射不同颜色的光线"；又由于折射必然引起色散，所以望远镜的色差问题是无法解决的。

如果问题仅及于此，我们也许还可以原谅牛顿的失误，但牛顿这次特别不谨慎，特别固执，这就不仅使他犯了错误，而且使他失去了改正错误的机会。当时有一位对光学很感兴趣的人，名叫卢卡斯，他重复了牛顿的上述试验。由于他用的玻璃与牛顿选用的玻璃品种不同，所以得到的实验结果与牛顿的实验结果大不相同。他十分惊奇，并将自己的实验结果告诉了牛顿。牛顿如果谨慎一点，把卢卡斯的实验详细了解一下，就可以明白问题出在什么地方。但他却固执地相信自己没有错，也不可能错。一次改正错误的宝贵机会就这样失去了。

牛顿去世后，人们才发现牛顿的结论是错误的，明白了不同的透明物质有不同的折射率，并用不同的玻璃制成可消除色差的复合透镜。1758 年，伦敦光学仪器商多朗德经过多年努力，终于制成了消色望远镜，这一创举在当时轰动了欧洲。迄今，几乎所有精密光学仪器都运用复合透镜来达到消除色差的目的。

牛顿由于自己的不谨慎，使他失去了色散可变性这一重要的发现。不过他也有引以为慰的地方，那就是由于他认为改进折射望远镜无望之后，他却制出了反射望远镜。直到今天，世界上许多天文台都安装有大型的反射望远镜。

伟大的作家托尔斯泰在他的名著《战争与和平》一书中面对拿破仑的失败，感慨地说：

“皇帝是历史的奴隶!”

这句惊世骇俗的话，道出了一个并不难以理解的真理：皇帝也是人，只不过是一个地位有些特殊的人。同样，牛顿也是人。

## （二）

第二个案例是讲德国物理学家赫兹（Hertz H R，1857—1894）一次失败的实验。

在一次纪念赫兹的演说中，量子论的创立者普朗克(Planck M，1858—1947) 曾高度赞扬了赫兹，称他“是我们科学的领袖之一，是我们民族的骄傲和希望”。对这一崇高的赞誉，赫兹是当之无愧的，他所发现的电磁波对于人类文明的贡献实在是太伟大了。

他的伟大不仅在于他杰出的贡献，而且也在于他那一贯的谦虚和富有自我批评的精神。他一贯反对把科学见解看成是不可动摇的僵死的东西，他在任何时候都不厌其烦地反复检验自己的实验观察，校准观察的结果。他有一句名言：

“来源于实验者，亦可用实验去之。”

在他短暂的一生中，尽管他也是一位卓越的理论物理学者，但他从来没有离开过实验室。那些众多的实验，有许多是成功的，并把他推向成功的顶峰；但更多的实验是失败的；也还有一项实验使他得出了错误的结论。成功也好，失败也好，它们都给我们显示了赫兹的研究风格，这种风格具有重大的意义，它极大地影响了物理学后来的发展。

1873 年，赫兹还只有 16 岁。这一年，麦克斯韦发表了《电磁学通论》。当时德国物理学界仍然坚信牛顿的学说是绝对正确的，认为力只能是一种超距的作用，所以对于反对超距作用的麦克斯韦的理论，绝大多数物理学家持怀疑、否定的态度。但也有一些有见识的物理学家支持麦克斯韦的电磁理论，其中包括德国的玻耳兹曼（Boltzmann L E，1844—1906）和赫姆霍兹（von Helmholtz H L F，1821—1894）。非常幸运的是赫兹在读大学时，成了赫姆霍兹最欣赏的高材生。

1879 年冬，柏林科学院根据赫姆霍兹的倡议，颁布了一项科学竞赛奖，根据竞赛题，要解决的问题是麦克斯韦部分理论的证明。赫姆霍兹希望赫兹能够响应参加竞赛。赫姆霍兹对赫兹说：

“这是一个很困难的问题，也许是本世纪最大的一个物理难题。你应该去闯一闯！”

年轻的赫兹受到老师的鼓动，很想试一试，但他毕竟太稚嫩，不知道该从哪儿下手。于是他问道：

“该从哪儿着手呢？”

老师回答说：“关键在于找到电磁波！要不然你就证明：永远找不到它。”

赫兹答应试试看。但后来他做了一个近似计算以后，确信由于当时无法产生足够快速的电振荡，这个难题还暂时不能动手。他决定先从基础研究开始。

1883 年，爱尔兰物理学家菲茨杰拉德（Fitzgerald G F, 1851—1901）提出了一个论断：如果麦克斯韦的电磁理论是正确的话，那么莱顿瓶在振荡放电的时候，就应该产生电磁波。

赫兹这时正为找不到神秘的电磁波而苦恼万分，菲茨杰拉德的思想给了他以极大的启发。莱顿瓶在那时是一件很普通的仪器，每个实验室都有。这就是说，如果菲茨杰拉德的推断正确，那么产生电磁波就不是什么困难，剩下的关键问题就是如何将电磁波侦测出来。

1885 年 3 月，他应聘到德国西南一个边境小城市的卡尔斯鲁厄大学任物理教授。开始的一年多时间，由于忙于备课、考试以及各种事务性工作，他没有时间从事研究，所以侦测电磁波的工作也没有进行。赫兹为此十分苦恼，他曾在信中向父母诉苦：

“难道我也将成为在获得教授职位后，就停止任何创造的那些人中的一员吗？”

幸好这种情形到第二年夏季后就改观了。1886 年，赫兹经过多次试验，制出了一个可以探测电磁波的电波环。它的结构非常简单，只不过是在一根弯成环状的粗铜线两端安上两个金属小球，小球间的距离可以进行调整。有了这个电波环以后，赫兹便开始了紧张的侦测电磁波的实验。

但是实验进行得很不顺利。由于他开始用的电波的波长太长，而且在室内进行，虽竭尽全力想消除室内不利因素的影响，但仍毫无效果。有一段时间，他甚至误入歧途，得出了与麦克斯韦理论相矛盾的结论。无数次失败并没有动摇赫兹的信心。他几乎是整日整夜地沉浸在实验之中。这期间他的艰苦可以从他写的一封信中看出：

“无论从时间上还是从性质上，我都像一个工人在工厂里那样工作，我上千次地重复每一个单调的动作，一个挨一个地钻孔、弯扁铁，接下来还要把它们涂上漆……”

到 1888 年 1 月，赫兹终于宣布，他成功地证实了麦克斯韦的理论，电磁波不仅找到了，而且还具有与光波相同的性质。

赫兹的实验结果公布以后，立即引起了全世界科学家的瞩目。使人信服的是赫兹的实验设备极其简单，任何怀疑的人都可以亲自动手进行证实。赫兹的成功，使他成了世界上最有名望的科学家之一。

电磁波被证实以后，有一些工程界人士对于其实用价值极感兴趣，但遗憾的是赫兹本人对这一点却持怀疑、否定的态度。

1889 年 12 月，他的朋友胡布尔工程师曾写信问他，电磁波是不是可以用来进行通讯联系，他回答说：

“如果要利用电磁波进行通讯联系，那非得有一部和欧洲大陆面积差不多大的巨型望远镜才行。”

这一点赫兹可没说对。俄国科学家波波夫（Попов А С，1859—1906）在技术开发和应用上要比赫兹有远见多了。他在赫兹否定电磁波可以用来通讯联系的同一年，就曾经在一次公开的演讲中明确地指出：

“人类的机能中还没有能够觉察电磁波的感觉器官，假如发明了这样的仪器，使我们能够觉察电磁波，那么电磁波就可以用来传播远距离的信号。”

果然，到1895年5月7日，波波夫在彼得堡的一次公开表演中，用他发明的第一台无线电接收器收到了雷电的电磁波。1896年3月24日，在俄国物理化学协会的年会上，他又用这个装置传送了世界上第一份有明确内容的无线电报，电文是：“亨利·赫兹”，传送距离为250米。

又过了五年，意大利的马可尼（Marconi G，1874—1937）在1901年12月12日，用无线电报将“S”字母带过大西洋，传到3 700千米的远处！

如果在预言电磁波能否远距传送信息方面，赫兹的失误可以归咎于他在技术开发上是个外行，那么，在阴极射线的研究上，他的失误就不能归咎于此了。

赫兹很早就对阴极射线的研究很感兴趣，尤其那令人惊叹的色彩，使他感受到一种令人激动的美的享受。在研究电磁波的同时，赫兹一直没忘怀那美丽的神秘莫测的辉光。当时研究的主要问题是：阴极射线是否携带电荷，亦即阴极射线到底是微粒性的，还是像光那样只是一种波？

赫兹于 1892 年宣称，阴极射线不可能是粒子，它们是一种波。赫兹当然不会随便乱说，他的信条是结论应“来源于实验”。说阴极射线是一种波，他是有实验根据的。为了验证阴极射线是否带电，他特意用一千个电池产生两千伏的电压，用以得到连续发射的阴极射线，然后他让阴极射线通过一对其上下板加有240 伏电压的平行板电容器。如果阴极射线是由带电粒子组成的，那它将在平行板电容器产生的电场中发生偏转。但实验结果是，阴极射线并没有偏转。

过了几年之后，即 1897 年，英国杰出的物理学家汤姆逊（Thomson J J，1856—1940）却用与赫兹差不多的实验设备，得出了确凿的、与赫兹相反的结论：阴极射线是一种带电的粒子流，而且他还相当准确地计算出这种带电粒子电荷和质量的比值为$\frac{e}{m}$。这样，阴极射线本质的争论就以汤姆逊的胜利而告终。

那么，赫兹的失误其原因何在呢？也许有人会问，汤姆逊的实验，现在每所高中都可以轻易做出来，为什么赫兹那样优秀的科学家、实验家却失败了呢？汤姆逊本人在他的回忆录中回答了这个问题：

“我使一束阴极射线偏转的第一次尝试，是使阴极射线通过两片平行的金属板之间的电场。结果没有产生任何持续的偏转。”

这和赫兹的实验结果一样。是什么原因呢？汤姆逊解释道：

“偏转之所以没有出现，是由于平行板电容器里有太多的气体存在。因此，要解决的问题就是要获得高度真空。这一点说起来比做起来容易得多。当时高真空技术还处于发轫阶段。”

汤姆逊正是在解决了高真空这一技术难题之后，才终于使阴极射线偏转成功。

诺贝尔物理学奖获得者杨振宁教授在谈到赫兹的这一失误时曾说道：

“这段插曲最清楚地表明了一个基本事实，技术的改进和实验科学的进展是相辅相成的。我们以后还会遇到这个基本真理的更多的例证。”

“来源于实验者，亦可用实验去之”，显然，赫兹本人并没有认为自己从实验得到的结论是永远正确的。

## （三）

最后一个案例是关于有名的“弗兰克—赫兹”实验。这儿要请你注意的是，这儿的赫兹不是上一节的赫兹，但他们之间是叔侄关系。这儿的赫兹是古斯塔夫·赫兹（Gustarv Hertz，

1887—1975），是上一节的海因利希·赫兹的侄子，他在1925年与弗兰克（Franck J，1882—1964）共同分享了该年度诺贝尔物理学奖。他的叔叔海因利希·赫兹若不是英年早逝，几乎可以肯定会比他侄子更早获得诺贝尔奖。

弗兰克和赫兹在实验进行期间，发生了一件非常有趣的事情，连弗兰克后来回想起来都觉得不可思议。事情得从1911年讲起。

1911年，弗兰克和赫兹设计了一实验，利用阴极射线管来测定原子的“电离电位”（ionization potential）。恐怕我们在这儿要作一点必要的知识性介绍。什么是“电离电位”呢？我们知道，原子由一个带正电的核组成，核外面则有数量不等的电子绕核旋转，就像一个太阳系一样，在太阳（核）周围有八大行星（电子）在不同的轨道上绕太阳旋转。有的电子在离核较近的轨道上旋转（如太阳系中的水星、金星等），有的则在远离核的轨道上旋转（如太阳系中的冥王星等）。如果我们用其他速度很高的粒子（如电子、光子……）撞击原子，则原子核的电子就可能被撞出这个原子，飞到其他地方去了。原子中少了一个电子，则原子就带一个正电，这个原子就成了“离子”，例如钠离子、氢离子等等，写成化学符号就是 $Na^+$，$H^+$……

弗兰克和赫兹的办法是在电场中加速电子，当电场中的电位到达一定值的时候，电子的能量恰好达到可以将某原子核外的电子打出来，这时电场的电位值就称为“电离电位”。

弗兰克和赫兹的实验十分复杂，设计也非常精巧，但专业性太强，这儿就不多说了。我们只需知道，到 1914 年他们两人认为他们测出了水银的电离电位，是 4.9 伏。他们两人将实验报告发表了。

玻尔（Bohr N，1885—1962）当时正在研究原子构造，而且刚刚提出了著名的“原子结构理论”，以后在 1923 年玻尔因此获得了诺贝尔物理学奖。1914 年玻尔看到弗兰克和赫兹的文章以后，大吃一惊，因为根据他的理论，推算出的水银电离电位是 10.5 伏，而不是 4.9 伏。如果弗兰克和赫兹是对的，那玻尔可就惨了，他研究了好多年的理论原来是错的！

但是，玻尔在仔细思考了弗兰克和赫兹的实验后，立即明白自己并没有错，而是弗兰克和赫兹错了。弗兰克和赫兹测出的 4.9 伏不是水银的电离电位，而是水银原子最里面一层电子受到外界加速电子的撞击后，跳到最近一层轨道所需要的电位；这也就是说，4.9 伏的能量并没有使水银原子中的电子跳出原子核的控制圈，水银原子中的电子只不过在核里面从最里面的电子层跳到了最邻近的轨道上。

玻尔想到这儿不由大喜过望，因为他的原子结构理论提出来以后，很少有人相信，还有不少非常著名的物理学家指责玻尔在“瞎扯”，德国著名的劳厄（Laue M，1829—1960；1914 年获得诺贝尔物理学奖）还宣称：

“如果玻尔的原子理论对了，那我就不再研究物理了！”

玻尔正苦于没有办法用实验来证实他的理论，现在歪打正着，弗兰克和赫兹的实验正好可以证明那 4.9 伏的电位是他的理论中“电子跃迁”时所需的最低电位。“电子跃迁”是玻尔原子理论中的一个非常重要的概念，指的是电子在原子里从一个轨道跳跃、迁移到另一个轨道的运动。玻尔真的是欣喜若狂：这下可好了，天上掉馅饼了，有了这么合适、精确的实验来证实自己的理论，真乃天助吾也！

玻尔立即发表文章，指出弗兰克和赫兹弄错了，他们测出的 4.9 伏的电位证实了一个伟大的原子结构理论。按道理说，弗兰克和赫兹应该感到高兴，因为如果他们的实验证实了玻尔的伟大的原子理论，那价值比测出一个电离电位不知高到哪儿去了。而且，玻尔的理论如果真的被他们的实验证实了，那玻尔就成了当代最伟大的物理学家，得诺贝尔物理学奖肯定没问题，连弗兰克和赫兹也会因此而大出其名，甚至也大有希望得到诺贝尔物理学奖。

也许读者会猜想：弗兰克和赫兹会立即承认玻尔是对的。恰好相反！弗兰克和赫兹认为玻尔错了，坚持认为 4.9 伏是水银的电离电位，而不是什么跃迁电位。

玻尔可着了急。怎么办呢？只好设法做实验，用更精确的实验证明弗兰克和赫兹错了。

但他不是一个实验物理学家，尽管他急于想澄清这个大是大非的问题，他却只能求助于实验物理学家。玻尔这时在英国曼彻斯特与他的恩师卢瑟福（Rutherford E，1871—1937）在一起工作。在卢瑟福的敦促下，马考瓦（Makower W）答应与玻尔一起对弗兰克和赫兹的实验结论作验证性实验。但马考瓦和实验室的一位德国玻璃工匠鲍姆巴赫（Baumbach O）老是争争吵吵。鲍姆巴赫是一位了不起的高手，据说他能使卢瑟福的“darlings”（心肝宝贝儿）α射线在各种玻璃装置里自由来去，如入无人之境。但他有一个最大的毛病是喜欢信口开河。在第一次世界大战爆发后，鲍姆巴赫经常嘴巴没遮拦地说，德国将会采取可怕的行动，英国人肯定会大吃苦头，以及其他一些威胁英国人的话。玻尔是丹麦人，而且性格温和，对鲍姆巴赫的话不在意；但马考瓦可就受不了，见鲍姆巴赫总是侮辱英国、威胁英国人，心中不由怒火中烧，常常不客气地叫鲍姆巴赫这个“敌国公民”把嘴管严一点，否则将“自食恶果”。但鲍姆巴赫照说不误，激烈的言辞仍然自由自在地向外发泄。最终，他被拘留了。更加不幸的是，他们已经差不多快完成了的复杂而精巧的设备，在鲍姆巴赫被拘留后，又被一场大火给烧毁了。接着，马考瓦又到部队去了。实验就这么惨兮兮地搁了浅。

幸好到了1919年，美国的戴维斯（Davis B）和古切尔（Goucher F S）用实验证实，弗兰克和赫兹错了，而玻尔是对的。

可以想象，当玻尔得知戴维斯和古切尔的实验结论后，该是多么高兴！他情不自禁地说道：

“1919年，这个问题终于被纽约的戴维斯和古切尔两位出色的实验所解决。结果与我所设想的十分一致。我曾提到我们在曼彻斯特那次毫无结果的尝试，目的仅在于说明我们当时所面临的困难。我们那时的困难与家庭主妇对付的困难颇为相似。”

大约从1919年开始，弗兰克和赫兹开始正式承认了玻尔对他们实验结果的重新解释。在1919年发表的题为《由慢电子与气体分子非弹性碰撞确认光谱中的玻尔原子理论》的论文中，他们宣称他们重新审查了1914年的实验，证明在实验中4.9伏加速电位差根本不能使水银原子电离。

一场规模不算太大、持续时间也不算太长的争论到此结束，一个划时代的原子理论却因此意外地被实验证实了。这真是：“塞翁失马，焉知非福！”

通过这场争论，弗兰克被玻尔如此深刻的真知灼见所折服，他后来多次公开地声称自己是玻尔的崇拜者。他甚至说，与玻尔不能接触太久，否则你将觉得自己过分地无能而陷于失望和沮丧之中。

后来，玻尔于1923年获诺贝尔物理学奖；而弗兰克和赫兹则在2年之后也获得了诺贝尔物理学奖。在获奖演讲词中，奥西思代表诺贝尔评奖委员会说：

“玻尔在1913年的假设之所以取得成功，是因为它们不再仅仅是假设，而是被实验证实了的事实。证实玻尔基本假设的方法是弗兰克J和赫兹G发现的，他们因此而获得今年（1925年）的诺贝尔物理学奖。弗兰克和赫兹揭开了物理学的新篇章……”弗兰克在演讲词中则承认自己走了一段弯路，幸亏有玻尔来指点迷津。他说：

“我自己简直不能理解……我们未能纠正我们的错误，和澄清实验中依然存在的不确切之处。……后来我们认识到了玻尔理论的指导意义，一切困难才迎刃而解……”

# 惠特克信口雌黄

洛伦兹……对爱因斯坦的理论从来没有说过一句不客气的话，有时只是叹息自己不理解由他自己想出来的那些相对性变换的真正意义。但是，他因此至死也没能抛弃静止以太的观念和绝对同时性的观念。他同相对论朝夕相处地生活了20年，还是不理解它，这可能令人觉得非常奇怪，然而，事情就是这样。

——雷德尼克 B N：《场》

如今很多人都知道，伟大的相对论是阿尔伯特·爱因斯坦（Einstein A，1879—1955）创立的；而且正是因为这一贡献，爱因斯坦有资格成为20世纪最伟大的科学家之一。

但是，到1953年却出了一桩“引起人们高度关注”的咄咄怪事。这一年，英国知名的数学家、物理学家惠特克（Whittaker E T，1873—1956）把他在1910年出版的一本书《以太和电学理论的历史》（History Of the Theories Of Aether and Electricty)增订后，以2卷本再次出版。其中新增加的第二册从1900年起，一直讲到1926年近30年来以太和电学理论的发展，这当然就不可避免地会谈到1905年爱因斯坦创建的相对论。惠特克在第二册中有一章的确专门谈到了“相对论”，但那一章的标题就让人大吃一惊！标题是：

“彭加勒和洛伦兹的相对论。”

惠特克在他的这本书中评价爱因斯坦的功绩时十分轻率，很不慎重，更谈不上公正，他竟然把创建相对论的功劳送给了法国伟大数学家彭加勒和荷兰物理学家洛伦兹（Lorentz H A，1853—1928)！在谈到爱因斯坦时，那口气也非常轻蔑，他写道：

“同年（1905年）秋，……爱因斯坦发表了一篇论文，把彭加勒和洛伦兹的相对论稍加扩充而重新提了出来。这篇论文引起了许多人的注意。”

瞧瞧！相对论不是爱因斯坦创立的，爱因斯坦只不过把

“彭加勒和洛伦兹的相对论稍加扩充”而已！而且仅仅只“引起了许多人的注意”！惠特克这种提法是极其轻率和不公正的，而且也正如佩斯（Pais A）所说：

“这表明了作者缺乏物理学上的洞察力，与他对于文献的无知是多么相配。”

惠特克的书问世后，立即引起科学界的严正批评，德国物理学家玻恩（Born M，1882—1970）甚至警告惠特克。爱因斯坦知道这事后，漫不经心地回答说：

“我没读那玩意儿……要是他企图使别人相信，那是他们自己的事。”

惠特克当然也不是空穴来风。如果从表面上看，他的说法似乎还能蒙住许多不懂相对论历史的人。这是因为，1905 年，在爱因斯坦提出相对论的第一篇论文中，爱因斯坦所使用的概念、公式甚至术语，有许多都来自洛伦兹和彭加勒的著作，甚至那鼎鼎有名的“相对论变换”也仍然使用“洛伦兹变换”这一名称。但是，无论是彭加勒的还是洛伦兹的理论，与爱因斯坦的相对论相比较，都有着本质上的不同，惠特克把它们混为一谈，实在说明他完全不懂爱因斯坦的相对论。苏联的一位物理学家雷德尼克 B N 曾说：

“无论是洛伦兹还是彭加勒，他们同所有爱因斯坦的前驱一样，都没有能够彻底弄懂相对论背后的、涉及一切现象的全部深刻含义。”

为了深刻理解佩斯和雷德尼克所讲的“全部深刻含义”，我们下面主要讨论洛伦兹的理论与爱因斯坦相对论的根本不同之处，并回顾一下洛伦兹这位被称为19世纪到20世纪“跨世纪的巨人”的诺贝尔奖获得者，是如何陷入时空观方面的误区的。

## （一）

爱因斯坦非常钦佩洛伦兹的才干和品格，他曾这样评论过洛伦兹：

“如果我们年轻人早知道洛伦兹简直就像一位伟大的科学泰斗的话，我们对他的崇敬和敬仰就早已别具一格……在我看来，他在人品上比我在一生历程中所遇的所有其他人更具有意义。正如他掌握物理学和数学结构那样，他同样自在又完全安详地掌握自己。他那丝毫没有人类弱点的气质，从未给他的同事造成一种压抑的影响。”

洛伦兹于1853年7月18日出生于荷兰的一个以印刷业著称的小城阿纳姆（Arnhem）。他的父亲格瑞特·洛伦兹（Gerrit F Lorentz）是一家婴儿托管所的老板。他的生母在他4岁时就去世了，但幸运的是他有一个很好的继母，他们之间的感情很深，以致洛伦兹把他的女儿也取了一个与继母相同的名字“卢贝塔”（Luberta）。

洛伦兹自幼就极为聪慧，在中小学读书时，成绩总是名列前茅。9 岁时，他就在校长泰麦（Timmer）的帮助下学会使用对数表。由此可知，洛伦兹的数学才智的确是高人一等的。他还像许多杰出科学家一样，有着惊人的记忆力，因此他能非常迅速地掌握多门外语。在进入大学以前，他就已经精通英文、德文和法文。不过，读者也应该明白，他的超人的记忆能力，与他从小锤炼自己有很大关系，并不全靠天赋。他从小就用大量阅读外文小说的办法，来锻炼自己的记忆能力和提高自己的外语能力。这种方法的确是许多科学大师通用的方法，对于洛伦兹来说，这种方法不仅提高了自己的外语能力，而且使他终身都喜爱阅读世界名著；尤其是英国作家狄更斯的长篇小说，他竟能大段大段地背诵下来。

由于他不同一般的天赋和刻苦努力，他被人们称为“阿纳姆的奇才”。

1870 年，17 岁的洛伦兹考上了荷兰知名的高等学府莱顿大学。我们熟悉的“莱顿瓶”就是以纪念莱顿市而取名的。洛伦兹只用了一年半的时间，就自学完了全部数学、物理学课程。1871 年 11 月，年仅 18 岁的洛伦兹就申请学士学位论文答辩。

有趣的是在答辩时发生了一件意料不到的事情。一位叫范·吉尔（van Geer）的教授教过他分析几何，他对洛伦兹的答辩似乎不够满意，这从他那微皱的眉头上可以清楚地看出来。洛伦兹心中不免有点嘀咕：

“这位教授以前对我很满意，今天这是怎么回事？难道我的论文有什么不妥的地方？”

后来一打听，才知道范·吉尔教授见洛伦兹的论文写得远远超过学士论文水平，一时糊涂，还以为洛伦兹的论文是博士论文。如果作为博士论文，那洛伦兹的这篇论文当然还有许多欠缺的地方。当范·吉尔最后弄明白是学士论文时，大笑自己一时拨错了一根弦，冤枉了洛伦兹。笑过之后，又极力夸奖他的论文。

1875 年，年仅 22 岁的洛伦兹获得了博士学位。他的论文题目是《关于电磁波的反射和折射问题》，内容是用麦克斯韦的观点来处理物理光学的问题。我们知道，麦克斯韦在 1873 年才出版了他的《电磁学通论》，1875 年，能看懂麦克斯韦理论的人并不多，所以洛伦兹的博士论文，连评审教授也不敢妄加评论。

1878 年，25 岁的洛伦兹被荷兰皇家学会破例任命为莱顿大学教授，而按规定，只有年满 35 岁以上的人才能获得这一极不容易得到的头衔。此后，洛伦兹一直在莱顿大学任教，直到 1928 年去世为止。

1902 年，他和他的学生彼得·塞曼（Zeeman P，1865—1943）因 1896 年发现塞曼效应，共享诺贝尔物理学奖。在 20 世纪前期，洛伦兹是世界上最负盛名的科学家之一。他一生因丰硕的科学成就，得到很多荣誉。

1928年，75岁的洛伦兹去世了，那时他已被誉为荷兰现代史上最伟大的文化巨人。下葬那天，荷兰全国的电报、电话暂停三分钟以示哀悼。非常崇敬洛伦兹的爱因斯坦代表后一辈物理学家和普鲁士科学院在葬礼上致了悼词，称洛伦兹为“我们时代最伟大和最高尚的人”。

（二）

洛伦兹是相对论的先驱，这是因为他积极参与了解释迈克耳逊—莫雷实验反常结果的科学研究。

19世纪末期，麦克斯韦（Maxwell J C，1831—1879）建立的电磁理论获得了奇迹般的成功。这一理论需要以太这种媒质来传送电磁波，就像声波需要空气作为媒质来传播一样。关于以太，麦克斯韦曾在他发表在《大不列颠百科全书》上的一篇文章中写道：

“发现了光和其他辐射的新现象之后，有关以太存在的主张获得了坚实的支持。以太的性质是基于光的各种现象推论出来的，而这些性质与解释电磁现象所要求的性质完全一样。”

另外，由于法国物理学家菲涅耳（Fresnel A J，1788—1827）用静止以太的学说圆满解释了光行差现象①，因而物理学

① 由于地球公转，恒星的表观位置在一年内会发生变化，这种变化就称为光行差。——本书作者注

家尽管是十分勉强的、但仍然普遍接受了“绝对静止以太”这种观点。这就是说，宇宙中的以太在空间绝对静止不动，而其他所有物体的运动，都是相对于这种绝对静止的以太的运动。

可惜好景不长。美国实验物理学家迈克耳逊（Michelson A A，1852—1931）和莫雷（Morley E W，1836—1923）于1881年和1887年两次用极精巧的实验，希望能证实菲涅耳对光行差的解释，即证明以太是绝对静止的，但结果却是否定的。面对实验事实，迈克耳逊不得不承认：

“静止以太的假设被证明是不正确的，并且可以得到一个必然的结论：该假设是错误的。”

这一否定的结果使得当时的每一个物理学家都感到迷惑不解。洛伦兹在1892年给瑞利的信中写道：

“我现在不知道怎样才能摆脱这个矛盾，不过我仍然相信，如果我们不得不抛弃菲涅耳的理论……我们就根本不会有一个合适的理论了。”

为了挽救以太，摆脱这令人迷惘的局面，洛伦兹于1892年提出了一种纯动力学解释的“收缩假说”。他认为，如果承认物体均由带电粒子组成，并且这些粒子间的相互作用服从麦克斯韦方程，则物体运动时由于相互作用的变化，物体将在运动方向上缩短$10^{-8}$倍的长度。这样一来，迈克耳逊实验的否定结果便仍然能在保留静止以太的情形下，得到圆满的解释。

洛伦兹一生都十分重视简单性原理，他主张各种基本理论，应同时由不同的研究者加以研究，因为只有这样，物理学家才能在各种理论的比较中，找到最简明的基本原理。现在，用收缩假说虽然可以使当时严重的矛盾缓解，但洛伦兹并没有因此而满足，因为这一假说和他的理论体系还没有本质的联系，还体现不出他终生推崇的“简单性”这一美学的要求。

为了上述原因，洛伦兹决心对收缩假说作出根本性解释。经过努力，于 1904 年 5 月发表了《速度小于光速运动系统中的电磁现象》一文，这篇论文立即引起了普遍的好评。论文中的大部分方程式，直到今天看来也仍然是正确的。正如诺贝尔物理学奖获得者库珀（Cooper L N）教授所说：

“除了对世界的看法的根本性变化（我们把这一点归功于爱因斯坦）以外，洛伦兹的论文几乎包括了一切。”

洛伦兹在论文中用一切力的作用都与电磁力类似的假设，成功地描述了固体棍棒收缩的物理图像：棍棒在运动时，由于质点间相互作用力发生了变化，所以棍棒就缩短了。而且他还惊讶地发现，当电子运动时，电子的质量应当随速度增大而增加。他还发现，如果在他的理论中引入一个与不动系统中时间 $t$ 不同的另一个时间 $t'$（洛伦兹称之为运动系统中的“本地时”），则他的理论就可以呈现出一种特别简单的美。

## （三）

1905 年，正好是洛伦兹发表《速度小于光速运动系统中的电磁现象》一文后一年，爱因斯坦创建了狭义相对论（simple relativity），这一理论彻底清除了运动物体电磁学发展道路上的障碍，成功地向人们展示了时间和空间、物质和运动、能量和质量、动量和能量之间的统一性。

从表面上看，爱因斯坦的相对论和洛伦兹的理论似乎有许多相似之处，尤其是相对论中的时空变换公式与洛伦兹提出来的变换公式完全一样，爱因斯坦甚至连名称都懒得改变，在他的相对论中仍然把“相对论的时空变换”称为“洛伦兹变换”，这就使一些不懂相对论的人产生一些错觉，以为两者之间不存在本质区别。惠特克就是这么一位“不懂”相对论的学者。

实际上洛伦兹理论与爱因斯坦的理论有着本质上的区别。

首先，洛伦兹的理论中以太的绝对参考框架仍然保留了下来。他的理论是在保证麦克斯韦方程不变的前提下而形成的一种“构造性理论”。为了保证以太这一“绝对参考系”的存在，洛伦兹去掉了以前加在以太身上几乎所有的力学性质，只保留了唯一的一个力学性质：静止，即以太不参与任何运动。这样一来，在洛伦兹理论中，经典力学中的“相对性原理”到底成立还是不成立，仍然是含糊不清的。从根本上看，既然没有否定以太，那么“经典相对性原理”的普遍性就实际上没有得到承认。而爱因斯坦的狭义相对论则是在两个原理（“相对性原理”和“光速不变性原理”）基础上形成的“原理性理论”。在这一理论中，根本上否定了绝对参照系，当然也否定了“物化了”的绝对空间——静止不动的以太。

其次，正由于上述根本上的不同，洛伦兹忽视了他所提出的“本地时” $t'$ 的重要物理意义。在 1915 年他写的《电子论》一书的再版中，洛伦兹坦率地承认了这一点。他在书中写道：

“如果我必须写最后一章的话，我肯定要把爱因斯坦的相对论放到一个更加突出的地位……我失败的主要原因是我固守一种思想：即只有变量 $t$ 才能被视为真正的时间，而我提出的 $t'$，我则坚持认为那只不过是一个辅助的数学量。”

最后，爱因斯坦的狭义相对论认为“长度收缩”实际并不存在，所谓“长度收缩”只是一种运动学的效应，即选择不同参照系时所形成的一种测量结果；而洛伦兹则认为长度收缩是真实存在的，是一种实际作用的动力学结果。

对洛伦兹的研究，彭加勒很早就给予了不同寻常的重视。1895 年，彭加勒就曾在高度评价洛伦兹研究成果的同时，批评他的理论总是在忙于提出新的假设，以应付新出现的问题。彭加勒基于哲学上的考虑，强调应该采用一种更普遍的观点，这种更普遍的观点后来逐渐明朗化，成为 1904 年 9 月他提出的“相对性原理”。彭加勒的批评，促使洛伦兹于 1904 年提出了他的时空变换的关系式。

洛伦兹的时空变换关系式提出以后，彭加勒十分满意。他高兴地说：

“让我们以洛伦兹理论为例，在各方面改变它，一点一滴地修正它，也许一切都会安排就绪。”

与此同时，他还委婉地批评洛伦兹的假设还是太多，并建议把 $t'$ 不仅当作一个数学辅助量，而把它当作一个新的物理概念来研究。

但总的说来，他认为洛伦兹理论是一个好的理论。正如1900年他所说的那样：

“好理论是具有适应性的。……反对意见将有益于理论，而不是有害于它，反对意见容许该理论发展它所包含的潜在真理。事实上，洛伦兹理论就是这样的理论……”

我们似乎可以说，如果洛伦兹是修整经典物理这支旧船的技师，那彭加勒就是为技师提供改造蓝图的设计师。在彭加勒的改造蓝图上有相对性原理、光速不可逾越和……

## （四）

惠特克的说法，不仅一般人不能同意，即便是洛伦兹，恐怕也很难赞成。虽然洛伦兹至死都不肯放弃静止以太和绝对同时性的观念，但他也已经意识到爱因斯坦在时空观上与他自己是大不相同的。这可以在1915年他为他的著名教科书《电子论》中加的一条脚注看出。在那条脚注里他写道：

“我失败的主要原因是我固守一种思想：即只有变量 $t$ 才能被视为真正的时间，而我提出的 $t'$，我则坚持认为那只不过是一个辅助的数学量。在爱因斯坦的理论中却正好相反，$t'$起的作用与 $t$ 相同；若我们要用 $x'$，$y'$，$z'$，$t'$来描述现象，我们就必须完完全全地像运用 $x$，$y$，$z$，$t$ 那样来运用这些变量。”

读者可能已经注意到，写这条脚注的时候，洛伦兹已经是 62 岁了，即“耳顺”之年了。在这个年龄的人，旧的理论知道得太多，要他完全抛弃旧理论可并非易事，洛伦兹能有这样的认识就已经说明他比起他同代人来说，已算是相当开明、灵活的了。

# 幸运的贝克勒尔和不幸的约里奥—居里夫妇

一个如此奇妙的发现，竟然起因于一连串虚假的线索，这真是惊人的巧合。科学史上大约很难再出现与这相似的发现。

——瑞利

发现中子的诺贝尔奖就单独给查德威克算了，至于约里奥夫妇嘛，他们是那样的聪明，不久会因别的项目而得奖的。

——卢瑟福

在诺贝尔奖获奖的历史中，有许许多多让人感到非常意外、同时又非常有趣的故事。就拿1903年与居里夫妇一同获得诺贝尔物理学奖的贝克勒尔（Becquerel A H，1852—1908）来说吧，他是因为发现物质的放射性而获奖的。但是，你知道他是怎么样发现放射性的吗？不说你当然不知道，一说还真会让你吓一跳！贝克勒尔竟然是在一连串三个错误的假设中，找到了让他获奖的伟大发现！这事可真让人感到惊讶。有人说，贝克勒尔真是“福星高照”呀。此话的确不假。

但居里夫妇的女儿和女婿就恰好相反，不仅不是“福星高照”，而且是“晦星临头”，让稳稳当当该他们获奖的机会，一个又一个地从鼻子尖上溜了过去。不过幸好，他们总算抓住了一次机会，在1935年获得了诺贝尔化学奖。

下面我们就先从幸运的贝克勒尔讲起。

## （一）

1895年11月8日，这天是星期五。在德国维尔茨堡美丽的普拉尔公园不远处，有一幢石造的二层楼房，这就是后来闻名于世的维尔茨堡大学物理研究所。在这深秋寒冷的夜晚，研究所静悄悄的，外面偶尔传来风拂树叶的沙沙声。但这个万籁俱寂的寒冷秋夜对伟大的德国物理学家伦琴（Rontgen W C，1845—1923）来说，却是终生难忘。就是这个晚上，伦琴发现了X射线。20世纪物理学革命的序幕也因X射线的发现而拉开。

X射线的发现一公布，立即引起了全世界强烈的震动。其迅速、强烈的程度，在整个科学史上真可谓空前。世界各地的物理实验室都立即夜以继日地干起来，以证实伦琴那令人瞠目结舌的新发现。当全世界物理学家都确信这一发现是千真万确以后，他们紧接着对X射线的物理性质展开了激烈的争论。当时有两种针锋相对的看法：一种看法认为X射线是一种带电的粒子流；另一种看法则认为X射线是一种电磁波。非常有意思的是，这两种对立看法大致上是以国家分界的：英国物理学家大多支持前一种看法，而德国物理学家则大多支持后一种看法。

当时法国有一位伟大的数学家叫彭加勒，他那出类拔萃的才华、渊博的知识以及广泛的研究和卓著的贡献，使他闻名世界。如同许多世界第一流的数学家一样，他非常关心当代物理学的进展，在物理学领域里他发表的文章和书籍达70多种。当X射线本质的争论在物理学家中激烈进行时，彭加勒也积极参加了争论。他倾向于英国物理学家的观点，认为X射线是一种带电的粒子流。现在我们知道，彭加勒以及英国物理学家的观点是错误的，因为德国物理学家劳厄（von Laue M T F，1879—1960）同他的两位助手弗里德里希（Friedrich W，1883—1968）和克尼平（Knipping P，1883—1935）于1912年用精巧的实验证实了X射线可以产生衍射，于是它的波动性得到了证实。这是后话，这儿就不多讲了，还是回到彭加勒参加争论的事情上来。

说起来也许令人觉得奇怪，任何一个法国物理学家都没有像彭加勒那样为X射线的发现所高度激动。1896年1月20日在法国科学院周会上，彭加勒把奥丁和巴赛勒米两位物理学家带给科学院的X射线照片（那是一张活人手骨的照片）给大家看。贝克勒尔问彭加勒X射线从管子的哪一部分发出。彭加勒回答说，看来是从阴极对面的玻璃壁发荧光的地方发出的。贝克勒尔立即作出推断：可见光与非可见光产生的机理应该是一样的，X射线可能总是伴随着所有的荧光现象。贝克勒尔一贯的研究方法是描述性的，他基本上只信赖观测，尽可能小心地回避推理，但这一次他非常相信X射线与荧光之间很可能有一种关系，并决定立即用实验来证实这一推断。

贝克勒尔是很幸运的，他有极优越的条件可以立即着手进行实验，因为他祖父曾研究过磷光，在他写的6本书中有两本是磷光方面的专著；而他的父亲则是荧光方面的专家，而且特别熟悉铀。贝克勒尔继承父业，也非常熟悉荧光物质，而且实验室里还有现成的硫酸铀酰钾。他决定用这一铀盐开始实验。

实验的构思是这样的：用黑色的厚纸严密包好照相底片，使其不受日光作用，但可受到X射线作用。在纸封附近放两块铀盐的晶体，其中有一块铀盐晶体用一枚银币与纸封隔离，然后，用日光照射这两块晶体，使它们发出荧光。如果发荧光的物体可以产生 X 射线，那么底片上将留下明显不同的痕迹。

当贝克勒尔把底片冲洗出来以后，一切和预料中的完全一样，用银币隔着铀盐晶体的那一张底片上，留下了银币的轮廓分明的斑点。看来，贝克勒尔一定非常满意他的推断，即发荧光的铀可以发射 X 射线，很可能是正确的。不过贝克勒尔的信条是要不厌其烦地反复实验，他决不会轻易相信一两次实验的结论。

1896 年 2 月 26 日，他想重复做一次上面的实验，但是很扫兴的是天气阴沉，这在巴黎的二月份是常有的事。他只得把铀盐晶体和闭封的底片一起锁到抽屉里，等待天气转晴。贝克勒尔当时万万没有想到，二月底的几天阴沉的天气，竟给他带来了天大的幸运，给人类的科学前景带来了光明！3 月 1 日，天气晴朗，贝克勒尔开始实验。不知出于什么原因，他把原来放进抽屉中的底片冲洗出来了，冲洗的原因有的说是由于他严谨的工作作风，有的说他可能要换做另一个实验，还有人则说是为第二天报告的需要。哪知底片冲洗出来以后，让他大吃一惊：他原以为由于光线极弱，铀盐晶体只有极其微弱的荧光，因而 X 射线就几乎不可能产生，这样，底片也可能不会感光；即使感光，也一定非常非常微弱。但冲洗出来的底片其感光的程度竟与上次一样！贝克勒尔立即意识到他发现了一种非常重要的现象：铀盐晶体即使不受太阳照射，亦即不发荧光，也可能发出X射线。这一预想很容易用实验来证实，而实验也果然证实了他的预言。但这些并没有使贝克勒尔十分激动，因为他一直认为他做的实验都是在进一步研究X射线，他到这时还不知道自己是在一系列错误的假设下进行探索的。

进一步地研究，贝克勒尔发现所有的铀盐晶体，不论它们是否发荧光，都使底片感光；而其他的矿物，即使是发出极强荧光的物体，却不能使底片感光。这一发现才真正使他激动起来，连他那一小撮漂亮的胡子也因激动而不断地抖动。贝克勒尔这才明白，使底片感光的不是什么X射线，而是一种新的射线，其射线源就是铀。这种射线后来就取名为“贝克勒尔射线”。

贝克勒尔射线的发现，对物理学有极为重大的意义，因而使他荣获了诺贝尔物理学奖。在这以前，科学家们坚信原子是最小的、不可再分割的粒子，现在，铀原子却可以放射出一种射线来，可见原子并不是不可分割的。还有更使物理学家迷惑不解的是，铀盐晶体不断放出射线的能量是从哪儿来的呢？当时有一位物理学家问英国杰出的实验物理学家瑞利勋爵：

“如果贝克勒尔的发现是真的，那能量守恒定律岂不遭到了破坏吗？”

瑞利十分幽默地回答说：

“更糟糕的是我完全相信贝克勒尔是一位值得信任的观察者。”

## （二）

现在我们再回过头来想一下贝克勒尔得到这个重大发现的过程，我们将惊异地发现，这一发现竟然是建立在三个错误的假定上：第一，X射线是由玻璃壁上发荧光的地方产生；第二，其他发荧光的物质也发射X射线；第三，当铀盐不发荧光时也仍然发射X射线。难怪连瑞利勋爵都发出了感慨：

“一个如此奇妙的发现，竟然起因于一连串虚假的线索，这真是惊人的巧合。科学史上大约很难再出现与这相似的发现。”

这种巧合虽然令人惊奇，但是我们不能据此就认为，贝克勒尔的重大发现完全是由于他的运气好。如果我们持这种看法，那我们就不能从中得出有益的结论。我们知道，造成错误最常见的原因，就是在实验证据不足的情况下作出普遍性概括。贝克勒尔在开始研究X射线与荧光之间的关系时，他大概明白自己是在证据不足的情况下作了一些尚需证实的推断，不然他为什么一再告诫他的助手，要不厌其烦、反反复复地做实验呢？贝克勒尔是一位十分严谨的实验物理学家，他平生最厌恶的就是轻率地作出概括和在证据不足的情形下提出假说；这次他能提出几个推断，对他来说几乎是空前绝后的事情了，所以我们可以想见他将如何谨慎地用实验来证实自己的推断。在没有十足的证据时，他是不会相信自己的推断的。正因为如此高度重视实验对理论建立的作用，所以他的发现也就具有一定的必然性了。

此后，贝克勒尔对放射线还继续作了几年研究，但未取得实质上的进展，在这方面继续作出贡献的是居里夫人（Marie Curie,1867—1934)。贝克勒尔之所以落后，是因为他只局限于把铀作为他的放射源。铀是他知道得最清楚的物质，它曾经帮助过他作出了重大发现，现在却又阻碍他继续前进。另外，他的思想方法的缺陷，也不能不是原因的一个方面。他重视实验观察，对假说持谨慎、怀疑的态度，无疑是他发现贝克勒尔射线的重要原因之一，但对假说在理论建立中的重大作用他却认识不足，这又使他没有能够乘胜扩大战果，进而研究放射性的普遍性。难怪在多年之后，他不无遗憾地说：

“因为新射线是通过铀认识的，所以有一种先验的观点，认为其他已知物体的放射性可能比这个还要大很多是不可能的，于是，对这个新现象普遍性的研究，似乎就没有对它的本质的物理研究来得紧迫。”

## （三）

讲完幸运的贝克勒尔，再来看看约里奥—居里夫妇的不幸。

1935 年，瑞典皇家科学院诺贝尔物理学奖委员会决定把该年度物理学奖授予 1932 年发现中子的英国物理学家查德威克（Chadwick J，1891—1974）。

据说评奖委员会在征求意见时，卢瑟福坚持要把发现中子的诺贝尔物理学奖授给他的学生查德威克一个人。当时有人提出，约里奥—居里夫妇对此作过真正重要的发现，不考虑他们是说不过去的。卢瑟福的回答据说是这样的：

“发现中子的诺贝尔奖单独给查德威克算了，至于约里奥夫妇嘛，他们是那样的聪明，不久会因别的项目而得奖的。”

论约里奥—居里夫妇对发现中子所作的贡献，那的确是无法否认的，查德威克本人在 1935 年 12 月 12 日接受诺贝尔奖发表讲话时，就曾这么提到约里奥—居里夫妇的贡献：

“约里奥—居里夫妇的非常卓越的实验，在发现中子的路上迈出了真正的第一步……”

那么，约里奥—居里夫妇是怎样失去了作出重大发现的机会的呢？下面我们将介绍的就是他们的失误以及他们从失误中的奋起。

弗雷德里克·约里奥（Joliot F，1900—1958）于 1900 年 3 月19 日出生在法国一个商人家庭。约里奥喜爱运动，他曾回忆说他差一点就成了职业足球运动员。同时，他又喜欢音乐，能弹一手漂亮的钢琴。在中学时，由于太喜欢运动，他的学习成绩并不好，所以刚进大学念书时，他感到非常吃力。但是到

1923 年毕业时，他已是名列前茅了。他的物理老师是有名的物理学家朗之万（Langevin P，1872—1946），他看到约里奥很有培养前途，就亲自与居里夫人商量，将约里奥安排到她的实验室去当助理实验员。从此，约里奥便踏上了他那光辉的科学探索生涯。

更幸运的是在居里夫人的实验室里，他与居里夫人的女儿伊伦娜（Irene Curie，1897—1956）一起工作。伊伦娜 1918 年就已经从巴黎大学毕业，比约里奥大 3 岁。开始约里奥听人说伊伦娜冷若冰霜、言语尖刻，但通过一段时间的交往，约里奥发觉伊伦娜并不像人们说的那样。他对伊伦娜迅即产生了好感。后来约里奥回忆这一时期的情形曾写道：

“我开始注意她了。她表情冷淡，有时还忘了对人说一声早安。她在实验室里是不会引起别人好感的。但是在这位被别人看成是一块未经琢磨的石头似的青年女子身上，我发现了一个非常敏感、具有诗人气质的人。她在许多方面是她父亲的化身……作风朴实，有头脑，态度从容。”

由于志趣相投，他们在相识 3 年后于 1926 年 10 月 9 日结婚。两人决心合力研究放射性。非常有意思的是，当年普朗克决定从事物理研究时，他的老师约里（von Jolly P）说物理学已经完善得没有什么可以值得研究的了，30 多年以后，著名化学家德比尔纳（Debierne A，1874—1949）多少有点开玩笑地对约里奥说：

“你现在才来研究放射性，未免太晚了。这些元素和衰变系列现在都已知道了。除了把它们的各种特性算到小数点后3位和4位以外，没有剩下什么可做的了。”

约里奥和伊伦娜可不这么认为，他们认为在他们面前展开的是一个崭新而神秘的世界，需要开拓的领域实在是太多了。事实证明，他们是对的。在他们的探索过程中，他们曾先后4次走到伟大发现的边缘，其中3次因为某些方面的失误使机遇从他们鼻子尖上溜走了。

## （四）

1930年，德国物理学家玻特（Bothe W，1891—1957）和他的学生贝克发现了一个奇怪的现象，当他们用α粒子轰击原子序数为4的元素铍时，按照以往的实验情况，α粒子应该从铍元素的原子核里打出质子来。但这一次质子没有出现，却出现了一种强度不大而穿透力很强的射线，这种射线能穿透几厘米厚的铜板而其速度并不明显减小。当时因为不知道这是一种什么射线，就称其为“铍辐射”。由于铍辐射穿透力极强，酷似当时人们所知的γ射线，所以玻特在1931年苏黎世物理学家聚会上，在报道这一实验结果时，就说铍辐射很可能是γ射线之类的东西。

约里奥—居里夫妇在1931年底也开始研究玻特的实验发

现。他们的实验室条件极好，又有强大的α射线源，所以很容易就得出了与玻特相同的实验结果。为了检查一下石蜡是否会吸收这种“铍辐射”，他们在铍和辐射侦测装置间放了一块石蜡。结果他们非常惊异地发现，石蜡不仅没有吸收“铍辐射”，而且在石蜡后面的辐射比没有石蜡时还要强大得多！经过鉴别，从石蜡后面飞出来的竟是质子！也就是说，“铍辐射”从石蜡中打出了质子。在这种情形下，约里奥—居里夫妇已经接近伟大的发现了，但他们却仍然沿着玻特的错误思路想下去，还认为“铍辐射”是一种“新的γ射线”。现在回想起来，约里奥—居里夫妇的结论简直是不可思议。因为γ射线是由质量几乎为零的光子组成，如果它与质量比质子小得多的电子相碰，是能够将电子撞得动起来的；事实上这种碰撞由康普顿作过详细的研究。但是，现在撞出的是质子，其质量为电子质量的1 836倍，γ光子怎么能够撞得动它呢？这犹如一个乒乓球撞一个铅球，铅球是根本不会动的。按照这种正常的逻辑思考，约里奥—居里夫妇就应该知道他们已经发现了一种新的基本粒子了。可惜他们糊涂一时。

1932年1月18日，他们把这一实验结果和评论发表在《报告》上。

当时在英国有一位物理学家叫查德威克，为寻找卢瑟福在1920年提出的中子，10年来他历经无数次失败仍毫无所获。有一天早晨，查德威克看到了约里奥—居里夫妇的文章，他感到极为震惊，就将这一实验情况告诉给老师卢瑟福。卢瑟福的震惊想来一定比查德威克更有过之无不及，因为他听了后竟急躁地大声嚷道：

“我不相信这个实验！”

当然，最后他还是同意：任何人都应当相信观察的结果，至于解释嘛，那就是另一码事了。

查德威克开始也没有十分固定的看法，但他很自然地想到了他寻找了十多年的中子。再加上他在寻找过程中取得了一定的经验，所以他很快就肯定约里奥—居里夫妇观察到的现象绝不是什么“新的 $\gamma$ 射线”，并确信这里面有一种新奇的东西将被发现。经过一段时间的努力，他才弄清楚所谓“铍辐射”原来正是他“千呼万唤始出来”的中子！

这种粒子的质量近似于质子的质量。于是，卢瑟福 12 年前预言的中子，终于被证实了；又一个基本粒子——中子，终于出现在人类面前！

1932 年 2 月 17 日，即约里奥—居里夫妇的第一篇实验报告发表刚好一个月之后，查德威克在《自然》杂志上发表了自己的实验报告及结论。

查德威克之所以能够这么迅速地取得成果，正如他自己在回忆中所说：“这不是偶然的。”而是他早就对中子这一概念有了精神上的准备。约里奥—居里夫妇则完全没有朝中子这方面想。约里奥自己也承认，他根本不知道卢瑟福关于中子的假说，因而缺乏作出这一重大发现的敏感性。他说：

“中子这个词早就由卢瑟福这位天才，在1920年一次会议上用来指一个假设的中性粒子。这个粒子和质子一起组成原子核。大多数物理学家包括我自己在内，没有注意到这个假设。但是它一直存在于查德威克工作所在的卡文迪许实验室的空气里。因此最后在那儿发现了中子。这是合乎情理的，同时也是公道的。具有悠久传统的老实验室总是蕴藏着宝贵的财富。在已消逝的岁月里，我们那些还活着的或已去世的老师所发表的见解，被人们有意或无意地多次思考过然后又忘掉了。但他们的见解却能深入到这些老实验室工作人员的思想里，结出丰硕的果实。这，就是发现。”

约里奥的话有一定的道理，但也不全对。老实验室固然有宝贵的思想熏陶她的成员，但也常常会散发出一种陈腐的保守气味。这种例子在本书中就有不少。关键是实验物理学家不能只埋头于自己的实验，而忽略广泛地吸取别人创造性的新思想。用一句中国人十分熟悉的话来说，就是不能“只埋头拉车，不抬头看路”。

约里奥—居里夫妇由于忽视了学术思想的广泛交流，不仅失去了发现中子的机会，而且失去发现正电子的机会。

事情还得从1928年讲起。那年在英国科学家狄拉克（Dirac P A M，1902—1984）处理一个量子力学中符合相对论的方程时，出现了一件很有趣味也很值得人思考的事情。在解方程时，求出的电子总能量有两个值，一正一负，每个中学生都知道，这时负根将被视为“增根”而舍去，因为电子怎么可能有负能量？这似乎是毫无物理意义的。狄拉克开始也是这样认为，舍去了负值，只保留下正值。但是不久，狄拉克又仔细研究了负能态的值，得出了一个非常成功的电子理论，这一理论预言存在一种电子的“反物质”，即正电子。正电子带正电荷，其电量和质量与电子相同。1932 年 8 月 2 日，美国物理学家密立根（Millikan R A，1868—1953）的得意门生安德森（Anderson C D，1905—1991）在研究宇宙射线对铅板的冲击时，利用置于磁场中云室所拍的照片，发现了一种新粒子的径迹。这种粒子在磁场中偏转的径迹与电子完全相同，但偏转方向却恰好相反。从偏转方向来看，这种粒子应该带正电荷，那么，它会不会是质子呢？安德森经过计算，由这种粒子运动的曲率可以肯定，它不是质子，于是他认为这种粒子是一种带正电荷的电子。狄拉克的预言被证实了。安德森因为这项发现于 1936 年与美籍奥地利物理学家赫斯（Hess V F，1883—1964）分享了当年诺贝尔物理学奖。

但在安德森发现正电子之前，约里奥—居里夫妇就曾经在云室中清楚地看见过正电子的径迹。但遗憾的是他们没有认真研究这一奇特的现象，却提出了一种经不住仔细推敲的解释。直到安德森提出了正电子实验报告以后，他们才明白又一次重大发现的机会被他们失去了。

经过连续两次失误之后，约里奥—居里夫妇并没有灰心丧气，他们总结了经验教训，果然如卢瑟福预言的那样，在1933年底研究射线轰击铝的时候，他们发现了“人工放射性”，并于1935年因这一发现而获诺贝尔化学奖。

约里奥—居里夫妇对科学研究的献身精神，执着的追求，精湛的实验技术，都是非常可贵的，作为实验物理学家，他们堪称典范。然而由于不注重学术思想交流，不注重理论思维，使得他们缺乏一种敏感性，习惯于定向思维，不擅长侧向思维。总的说来，就是缺乏想象力。

这种缺点不仅表现在失去发现中子、正电子的事件，而且也相当明显地表现在“核裂变”的发现这一过程中。德国化学家哈恩之所以能作出“核裂变”这一震撼世界的伟大发现，正像查德威克能发现中子一样，完全是得力于约里奥—居里夫妇的实验发现。在用中子轰击铀元素时，约里奥—居里夫妇已经发现产物中好像有镧元素；这时，约里奥—居里夫妇实际上就已经发现了核裂变，但他们就是拘泥于陈旧的思维定式，打不开思路，认为在这种情形下核不可能裂变。一直等到哈恩重复了他们的实验，提出了核分裂，他们才开始考虑裂变的机理。但是已经晚了。哈恩在实验中确定产物是钡元素，在化学上来说，镧元素和钡元素的差别并不大，在周期表里钡仅在镧的前面一格。

爱因斯坦在《论科学》一文中曾说过这么一段话：

“……想象力比知识更重要，因为知识是有限的，而想象力概括着世界上的一切，推动着进步，并且是知识进化的源泉。严格说，想象力是科学研究中的实在因素。”

爱因斯坦的这句话极具深刻的道理，它不仅对科学家是十分重要的，而且对我们每一个中学生、大学生来说，显得更为迫切。没有想象能力的高材生，是不可能作出有重大价值的发现的！

# 他们真的是一群骗子吗？

……个性冲突在科学思想的发展中有时非常重要。我敢说，这应该被当作一条规则而不是一个特例，这一规则使生物学史变得更加清晰。

——吉塞林 M T

1903 年，法国科学院通讯院士布隆德洛（Blondlot R，1849—1930）教授继 1897 年卢瑟福（Rutherford E，1871—1937）发现 α 射线和 β 射线、1900 年维拉德（Villard P，1860—1934）发现 γ 射线之后，郑重而又激动人心地在法国科学院的院刊上宣布了新的发现：N 射线（N rays）。

接着，在一段短暂的时间里，N 射线这种新辐射的异乎寻常的性质激发了全世界许多科学家的想象力。这正如美国西北大学克洛茨（Klotz I M）教授在 1980 年撰文所说："布隆德洛的发现在科学界的许多部门激起了一阵狂热的反应。"

但两年之后，研究 N 射线的这股狂热的浪潮又突然中止，因为人们发现 N 射线是一种纯属虚构的射线。事后，围绕 N 射线事件展开了一场争论，有人认为布隆德洛是一个科学骗子，并耸人听闻地说：

"悲剧的暴露最终导致布隆德洛的发疯和死亡。"

有的人认为，布隆德洛的助手"对 N 射线的发现或许扮演了一个过分热心的促进者的角色"。还有的人则明确表示，"故意的欺诈可以不予考虑"，而应该"从心理学方面进行一些研讨"。

本节的目的，就是想对 N 射线事件的始因作一初步探讨，对某些不够认真或者过火的说法，提出一些不同的看法。为此，我们先从布隆德洛本人谈起。

（一）

布隆德洛于1849年诞生在一个知识分子的家庭里。他的父亲布隆德洛N是法国著名的生物学家和化学家。布隆德洛本人毕业于法国的南锡（Nancy）大学，后又于1881年获索尔本大学物理学博士学位，他的博士论文是“论电池和极化规律”。从1882年起，他开始在南锡大学任教，并于14年之后晋升为教授。1910年，当他年满61岁时退休了。

布隆德洛是一位经验丰富而且颇有名气的电磁学方面的专家。赫姆霍兹（von Helmholtz H L F，1821—1894）去世后，布隆德洛被推选为法国科学院通讯院士，以顶替赫姆霍兹空出来的位置。在“发现”N射线以前，他曾经因为用实验证实麦克斯韦电磁理论获法国科学奖金并于1899年获LaCaze奖金。

布隆德洛“发现”N射线的过程大致是这样的：1890年前后，布隆德洛对X射线的研究十分感兴趣，并积极参与到X射线本质的争论之中。他是一位实验技巧十分高超的物理学家，1891年他设计了一种与迅速旋转镜相似的技术，测得电磁辐射传播的速度为297 600 km/s；后来他又确定X射线的传播速度与光速一样，从而认为X射线应该是电磁辐射的一种。为了进一步证实这一结论，布隆德洛又设计了一个巧妙的实验，试图从电磁波的偏振性来证实X射线是一种电磁辐射。

如果X射线是电磁波，它就必然有偏振性，这种偏振性可以用下述方法检测：在X射线传播的途径上，安置由两根削尖的金属丝做成的可以跳火花的检测器。调置检测器的方位，如果X射线是电磁波，它必有某一确定的偏振方向，那么当检测器的方位与偏振方向吻合时，跳动的电火花的强度将会明显增强。结果，实验证实了布隆德洛的推测，火花亮度确实在某一特定方向上有明显增强。这使布隆德洛十分兴奋。

在这次实验中出现了一件令布隆德洛感到十分奇怪的现象：当X射线通过电火花缝隙后，再让它通过一个石英棱镜时，某些射线发生了折射。由于当时人们认为X射线通过石英棱镜不会发生折射，因而布隆德洛甚为惊讶。接着，他在概念上作了一个“灾难性的飞跃”：这种发生折射的射线既然不可能是X射线，那一定是某种尚不为人所知的“新射线”。他把这种“新射线”命名为“N射线”，以纪念他供职的南锡大学。

布隆德洛并非物理新手，他深知要使N射线被物理学界公认，还需要排除许多偶然和人为的因素，所以在“发现”N射线以后，他立即对实验设备作了进一步改进，其中包括照相设备和使用低强度气体火焰（a low-intensity gas flame）作为检测器等等。利用新的设备，布隆德洛不仅进一步“证实”了新射线的存在，而且他还对N射线的性能和辐射源作了广泛的研究。1903年初，他开始将自己的研究结果连续发表在法国科学院院刊上。

接着，各有关学科的科学家都迫不及待地涌到N射线研究领域来，形成一股热潮。法国第一流的科学家，包括彭加勒、贝克勒尔（Jean Besquerel，发现天然放射线的Besquerel H的儿子）和受人尊敬的生理学家卡彭蒂尔（Charpentier A）等人，纷纷发表意见，赞扬布隆德洛的“伟大”发现。1904年，在国外已经开始对N射线提出怀疑和批评时，科学院的Le Conte奖金评选委员会（彭加勒是评委之一）仍然决定将这一珍贵的荣誉和5万法郎的奖金授给布隆德洛，而没有授予另一位候选人皮埃尔·居里（Curie P，1859—1906，1903年诺贝尔物理学奖获得者）。据说，奖状第一稿主要是表彰他关于N射线的发现，后来因为批评和怀疑N射线的人越来越多，为了谨慎起见，在奖状的定稿上只在末尾提到了N射线的发现，而奖励的主要原因则改为“他的全部研究工作”。但是，一般人仍然认为，N射线的发现仍然是布隆德洛获得这个重要奖赏的主要原因。

正是由于著名科学家的赞扬和法国科学院的鼓励及支持，N射线研究的浪潮越来越汹涌。据统计，1903年上半年法国科学院的院刊Comptes Rendus上只登载了4篇有关N射线的论文，但到1904年上半年，这方面的论文数量扶摇直上，竟达到54篇！一位作者指出：

“从1903年到1906年期间，至少有40人‘观察’到N射线，有100多名科学家和医生发表了大约300多篇论文来分析这种射线。”

这种大规模的研究，使得N射线各种惊人的性质迅速为人们“发现”。物理学家们“发现”几乎所有可被N射线穿透，但不能透过可见光的物质，如木头、纸、薄铁板和云母等等；但水和盐却能阻挡这种射线……生理学家们也不甘落后，他们也展开了规模不小的紧张研究工作，其挂帅人物是南锡大学医学院生物物理学教授卡彭蒂尔。在1904年5月的一个月里，他发表了7篇关于N射线的文章。他发现人体的神经和肌肉可以发出特别强的N射线，他甚至测出尸体发出的N射线。他还发现N射线可以提高人的视觉、嗅觉和听觉的敏感性，不久又发现生物发出的这种射线与N射线有些不同，于是他称它为“生理射线”（physiological rays），并声称实验已“证实”这种射线与N射线均可沿导线传播。面对如此丰富多彩的发现，卡彭蒂尔信心十足地宣称：N射线作为一种有效的人体探测手段，将迅速应用于医学临床。除了卡彭蒂尔，还有许多科学家作出了生理上N射线的“重大发现”。索尔本大学一位物理学家发现，N射线是从人脑部控制语言的“白洛嘉氏区”发出的；一个名叫兰伯特的科学家发现，从人体分出的酶也能发出N射线……

有一位作者用了59页的篇幅，才简要列举和综述了三年时间内所作的有关N射线的发现。有趣的是，像其他一些重大发现一样，N射线发现的优先权之争也随着研究的取得“进展”而激烈展开。

（二）

正当法国国内 N 射线的研究热闹得不可开交的时候，国外物理学界却产生了普遍的怀疑。因为任何一个真正的科学发现，例如电磁波、X 射线等，总可以在世界任何地方的实验室和在任何时候重复产生，可是 N 射线却无法满足这一最起码的要求。英国的开尔文（Kelvin L，1824—1907）和克鲁克斯（Crookes W，1832—1919）、德国的卢麦尔（Lummer O R，1860—1925）、鲁本斯（Rubens H，1865—1922）和德鲁特（Drude P K L，1863—1906）、美国的伍德（Wood R W，1868—1955）等世界著名的物理学家，虽然都对发生在法国的 N 射线极感兴趣，并且按照布隆德洛论文中所指示的方法安排实验，但无论怎样小心和努力，也得不到一点 N 射线的影子，这使他们感到迷惑不解。正如伍德所说，法国“似乎有存在着出现这种最难以捉摸的辐射形成所必需的、显然是特别的条件”。在法国国内也有持不同看法的人，例如著名物理学家朗之万。

国外的科学家决定去法国看一看到底是怎么一回事。1904 年夏季，正在美国霍普金斯大学任教的伍德教授要出席在欧洲召开的学术会议，他决定趁此机会去访问布隆德洛的实验室。

伍德是美国著名的实验物理学家。他毕业于哈佛大学，很早就显示出超群的实验天才。他擅长用最简单的方法揭示隐秘现象。他一生主要的贡献是在物理领域里，尤其是光谱学，他的实验对原子物理学的进展起了重大作用。他的《物理光学》(Physical Optics，1905)一书，是美国权威性教材。伍德有一种不可遏止的好奇心，还有一个喜欢恶作剧和捉弄人的习惯。有一次，一个巫师说他能够同已经去世的英国物理学家瑞利保持联系，伍德为了揭露骗局，就编了一些电磁学难题请这位巫师向死了的瑞利请教，结果让巫师大出洋相。

伍德到了南锡大学后，受到布隆德洛真诚而友好的接待。布隆德洛还立即为伍德做了一系列实验，以证实N射线的存在和它的一些奇异性质。伍德是一位极高明的物理实验专家，当布隆德洛为他做完一系列实验后，他立即敏锐地察觉出他的法国同行们极可能误入歧途了。布隆德洛将能斯特灯发出的N射线射到正在闪火花的间隙检测器上，根据他的介绍，火花亮度要增加；如果用手挡住射线，火花亮度将减弱。令伍德十分惊讶的是，法国同行竟然用极不可靠的肉眼来判断光的强弱。当法国同行们煞有介事地演示火花亮度强弱变化时，伍德无论怎样睁大眼睛凝视那微弱的火花，却丝毫感觉不到亮度的变化。伍德将自己的观察结果告知东道主时，他们却说这是由于伍德眼睛的灵敏度太差！伍德对此不免气上心头，于是他决心试试东道主的“眼睛的灵敏度”。难道这些法国同行真有斯库鲁支穿过马雷身体，看到马雷身体后面大衣上的铜纽扣的特异本领①？

伍德于是诡谲地说，既然我的眼睛不够灵敏，就请你们说出我把手指挡住N射线的正确时刻吧。由于房间暗，伍德很隐蔽地把手伸进移出，结果东道主们几乎一次也没有说对。伍德像逗小孩一样，有时故意把手放在射线经过的路径上不动，然后问东道主火花亮弱的程度。他们一会儿说亮了，一会儿又说暗了；而当伍德有时移动手的时候，他们所说的亮度起伏又同手的进出运动毫无关系。在接着的一个演示实验里，布隆德洛要在N射线的折射光束中“找出”N射线的光波谱。实验时，伍德恶作剧地把一个必不可少的零件（一个铝质棱镜）偷偷地装进了自己的口袋里，布隆德洛不知道，但他却仍然在那儿正儿八经地“分析N射线”的光谱！

回到美国后，伍德写了一篇文章披露此事，发表在英国的《自然》杂志上。伍德的文章发表后，在法国以外的科学家们对N射线的研究立即失去了兴趣，只有少数法国科学家还继续支持布隆德洛。到1905年，法国科学院的Comptes Rendus也不再刊登关于N射线的文章了。1906年，法国《科学评论》提议让布隆德洛来做一个判决性实验，布隆德洛拒绝了。

---

① 斯库鲁支（Scrooge）和马雷（Marley）都是英国作家狄更斯《耶诞圣歌》一书中的特异人物。

于是N射线事件至此，可以说正式结束了。虽然布隆德洛到1919年还声称：“我从未对我命名的N射线……有丝毫的怀疑，并且我还将尽我的一切力量证明它们将被我从未停止的无数观察所确证”，但几乎已经没有人相信他的话。也许只有心理学家对他的话感兴趣；这毕竟是科学创造心理学一个不可多得的典型例证。

（三）

清朝诗人袁枚在《重登永庆寺塔》一诗中感慨万千地写道：

九级浮图到顶寒，
十年前此倚栏干。
过来事怕从头想，
高处人休往下看。

如果我们不把这首诗用于表达封建社会历经官场后的恐惧心态，而拿来用于研究科学发展史，那我们最好将最后两句诗改为：

过来事应从头想，
高处人须往下看。

这样，我们也许可以得到许多许多的教益。

轰动一时的N射线事件早已被人们遗忘，也许现在连知道这件事的人都很少。但也有几位物理学家和科学史学家对这事颇感兴趣。他们访问了为数不多的几位知情人，翻阅积满灰尘的档案，希望能挖掘出隐藏在这一事件背后更深一层的启示。布劳德 W 和韦德 N 在《背叛真理的人们——科学界的弄虚作假》一书中谈到 N 射线事件时，尖锐地指出：

“整个领域的科学家居然都被非理性的因素引入了歧途，这是一种值得深思的现象。用‘病理的问题’作搪塞，无异于胡乱贴标签。实际上，N 射线事件极为突出地暴露出科学研究过程中广泛存在的几个问题。”

那么，到底“广泛存在”一些什么问题呢？这当然是一个仁者见仁、智者见智的，各人的看法很可能不会完全一致。本书作者试图提出两个问题以引起更多人的重视。

1. 科学创造心理学是一门很重要的学科

直到今天，还有为数不少的人仍然认为，科学研究要求的是准确的计算、精密的实验、无懈可击的逻辑论证和至高无上的客观性，与研究感觉、情绪、动机、气质等心理因素没有什么关联。这种看法实际上是历史留下来的一种偏见，而且正是由于这种偏见才使得有些作者认为，N 射线事件只不过是一场纯粹的骗局，布隆德洛和卡彭蒂尔只不过是两位“超级科学骗子”而已。用这种观点来对待 N 射线事件固然痛快淋漓，慷慨激昂，但这种观点是不科学的，它无法解释许多令人惶惑的现象。法国科学家罗斯丹（Rostand J）就曾指出：

“(N射线事件)最令人吃惊之处在于受骗人数之多，简直到了令人难以相信的地步。这些人当中，没有一个是假科学家和冒充内行的人，没有一个是梦想家或故弄玄虚的人；相反，他们熟知实验程序，头脑清醒，思维健全。他们后来作为教授、咨询专家、讲师所取得的成就就是明白无误的证明。”

罗斯丹是法国人，他的话也许有些偏向他的同胞们，例如“无私”、“头脑清醒”这些评语似乎不合实际情况(下面我们将会看到这一点)，但罗斯丹的话大致上与实际情况是相符的。

就拿布隆德洛来说，前面我们介绍过他对物理学作出的贡献和他在法国科学界的地位，即使在N射线事件以后，虽然他仍然坚持N射线绝非虚妄，但他的生活、教学和研究仍一如既往，一直都非常正常。他到1910年才退休，退休后仍然保留名誉教授称号，并继续与大学里的人有学术联系。1923年他的一本热力学教科书出第三版，1927年11月还为他的电学教科书的第三版写过前言，根本没有像西布罗克(Seabrook W)说的那样，因“骗局”被揭露，羞于做人而发疯以致自杀身亡。说他是个地道的“骗子”，似乎有悖于实际情况。

再拿卡彭蒂尔来说，认为他在N射线事件中玩弄骗术，似乎也说不过去。卡彭蒂尔是一位受人尊敬的医学物理学教授，声望极高。对于N射线的研究，他的热情和兴趣是异乎寻常的，而且他的“成果”惊人。为了人体N射线的发现，他还与几位学者就优先权打起了官司，闹得沸沸扬扬，不可收拾，后来还是法国科学院出面，在1904年春的一份正式报告中判定卡彭蒂尔的发现最早，因而拥有优先权。最令人感兴趣和惶惑的是，他曾专门研究过眼科学，他的博士论文题目是《视网膜不同部分的视觉》，他还写过一篇题为《影响光度测量的生理条件》的文章。对视觉有如此丰富的理论和实验研究的医学教授，正如杰曼（Lagemann R T）所说："如果有谁本应提防在观测闪动的、低强度的光源时可能出现错误的话，卡彭蒂尔就是一位。"可恰恰就是这位卡彭蒂尔，在虚假的N射线研究中作出了"重大的发现"！

还有贝克勒尔和彭加勒等人，他们都高度评价了N射线这一"重大发现"，但他们又同时都是世界知名的科学家，尤其是彭加勒，前面我们曾经专门提到过他，他是当时科学界最伟大的科学家之一。用骗局、学术骗子来对待这些人和N射线事件，显然有失偏颇，而且对科学史的研究也会带来不良的影响。相反，如果我们放弃这种偏颇的看法，而从心理学的角度来研究这一事件，它也许会给我们带来许多有益的启示。苏联学者拉契科夫 П А 曾深刻指出：

"科学心理学作为科学的重要组成部分之一，现在正在发展着。没有它，就不可能提示完整的和真正的科学历史过程。"

拉契科夫的这一观点显然值得我们高度重视。从科学心理学观点对N射线事件进行剖析，我们比较容易理解这一事件的发生和发展过程。

布隆德洛是在五花八门的射线（如X射线、α射线、β射线、γ射线、阴极射线、阳极射线……）不断被发现时，“发现”了N射线，并且迅速为众多科学家所接受。这一事件在事后看起来似乎有点令人迷惑，但实际上它与一种心理定式和崇拜权威的心理现象有密切关系。

到1903年，科学界早已熟知了各种各样的射线，对于再出现一种新的射线，无论对布隆德洛还是对其他科学家来说，早就有了心理上的准备，已经是“见怪不怪”了，正如克洛茨所说：

“如果这种射线先于X射线和放射性十年……那么它就没有其他射线作先例，因而布隆德洛几乎肯定会对他的发现作更严格的分析。”

在心理学中，这种现象称为心理定式。心理定式是一种在科学研究中经常出现的心理现象，它常常给科学研究带来难于克服的惰性、阻碍，延缓科学研究的正常进行。例如，在杨振宁和李政道提出在弱相互作用中宇称可能不守恒这一见解之前，虽然没有任何实验足以判明在弱相互作用中宇称是守恒的，但是一种心理定式的作用，即在其他相互作用中人们有肯定的判据证明宇称是守恒的，再加上某种美学的观点，于是人们几乎坚信在弱相互作用中宇称也一定是守恒的。甚至当杨、李提出新的不同见解时，他们的意见遭到包括泡利、费曼和戴逊等最著名科学家在内的几乎所有物理学家的反对。可见心理定式一旦形成，将是一股多么强大的力量。对于其他一些二流科学家来说，心理定式和崇拜权威的心理肯定起了双重的作用。

造成N射线事件的另外一个不可忽视的心理因素，是一种似乎与科学毫不相关的情感，即民族自尊心。法国科学的兴盛期是1770年—1830年，到了19世纪初达到盛期以后就急转直下地走向衰落；而德国则由于1848年德国资产阶级革命和1871年的德国统一，科学日渐昌盛，并取代法国成为世界科学的中心。到20世纪初，德国科学达到了极盛期，法国科学的国际声望则继续下落。在这种情形下，在贝克勒尔和居里夫妇发现放射性之后，又发现了N射线，这实在使法国科学界兴奋不已。在这种对于科学理智有害的情绪、感情的支配下，本来可以防止的错误发生了，本来可以做到的严格自我约束放松了。正如莎士比亚在《威尼斯商人》一剧中所说：

“理智可以制定法律来约束感情，可是热情激动起来，就会把冷酷的法令蔑弃不顾……”

自然规律就是科学研究活动的“法律”和“法令”。在科学创造活动中，激情和忠诚固然不可缺少，但任何时候都必须有冷峻的理智，万不能“把冷酷的法令蔑弃不顾”。

相比之下，意大利物理学家费米（Fermi E，1901—1954）就比布隆德洛冷静得多。

从1934年3月开始，费米开始用慢中子轰击从轻到重的所有能找到的元素。在轰击铀元素以前的元素时，他发现每一种元素被慢中子轰击后，其原子核都变成有放射性的原子核，放射性原子核的品种数由该元素的同位素数目决定。如某元素只有一种同位素，则只有一种有放射性的核；如有两种同位素，则有两种有放射性的核。他还发现了一条普遍规律：中子碰到原子核后，原子核即将其捕获，形成一个新核。由于新核不稳定，核里的一个中子就发射出一个β粒子（即电子），使该中子变为质子，于是被轰击的元素多出一个质子，原子序数因而提高一位。接下去，费米当然会想到：如果用慢中子轰击当时元素周期表上最后的一个元素铀 92 时，铀的同位素如果也像它前面的元素一样，放出一个β粒子，那不就会产生一个周期表上还没有、自然界中尚未见到的 93 号元素了吗?！这一设想简直是太激动人心了！

费米怀着激动的心情开始用慢中子轰击铀 92，我们完全可以想象他是多么热切地期望得到“超铀元素”啊！结果似乎颇为理想，β粒子果然放射出来了。但是，大自然在显示她的真面目时，似乎总是羞羞答答。现在，β粒子倒是真放射出来了，但与此同时又出现了一些以前未曾出现过的新情况，这使得费米不敢贸然断定自己真的得到了“超铀元素”（即 93 号元素）。他发表在 1934 年 6 月英国《自然》杂志上的论文，题目还只是《可能产生原子序数高于 92 的元素》，他并没有因为某些非常可能是93 号元素的迹象，而忘记了大自然是颇善于恶作剧的。他在文章中谨慎地写道：

“……我们有可能假设该元素的原子序数大于 92。如果是第 93 号元素，那么在化学性质上，它应该与锰和铼相似。这一假设由下面的观测得到一定的证实，即……可以被不溶于盐酸的硫化铼的沉淀物带走。然而，考虑到有几种元素都易于以这种形式沉淀，因而这一证据不能认为是非常充分的。”

应该说费米的态度是值得赞赏的，他没有让激情主宰自己。尤其难能可贵的是，他抵挡住了荣誉的诱惑，保持了一个科学家在任何时候也不能丧失的理智。当时罗马大学物理研究所所长柯比诺（Corbino O M）却认为费米太谨慎，认为费米的犹豫纯属多余。柯比诺不仅是一位科学家，他还是一位参议员，在他身上激情多于理智，政治因素多于科学因素。为了振兴日趋衰落的意大利科学事业，他费了很多心血才物色和培养了费米这样一位科学上的帅才，如今发现了第 93 号元素，多年来想使意大利的科学恢复到伽利略、伏打和阿伏伽德罗时代光辉熠目的胜境的梦想终于要实现了！

在同年 6 月 4 日有国王出席的林赛科学院会议上，柯比诺自作主张地宣布：93 号元素被意大利物理学家费米发现了！这一消息立即轰动了全世界，意大利报纸更是趁机大肆宣扬“法西斯主义在文化领域的重大胜利”；甚至有一家小报还煞有其事地宣称费米将一小瓶 93 号元素献给了意大利王后。

费米对柯比诺轻率的做法十分生气。在他的坚持下，柯比诺和费米向报界作了声明，指出制成 93 号元素是可能的，但在得到确证之前，“尚须完成无数精密的实验”。

后来的事实证明，费米的谨慎是完全正确的，正是在他感到有疑问的地方，由他人作出了重大发现——核裂变。

N 射线事件和 1934 年的超铀元素的“发现”，具有极为相似的心理背景（许多类似的发现为新的发现做好了心理上的准备，以及强烈的爱国主义激情的驱使等等），然而，N 射线事件最后闹得法国科学院狼狈不堪，而费米的科学理智却使意大利避免了一场灾难。这两件事的对比，很值得我们研究和深思。

情感如果不用冷峻的理智来约束，就往往会给科学研究带来失败和灾难。

个性，也是科学心理学应该深入研究的课题。布隆德洛带来的灾难，肯定与他的个性有关。如果说在 N 射线事件刚开始时，布隆德洛的错误还可以原谅的话，那么后来他仍然一味地坚持自己是正确的，就无论如何也无法原谅了。1969 年诺贝尔生理学或医学奖获得者卢里亚（Luria S E，1912—1991）曾尖锐指出：

“在科学界，正像人类其他活动一样，个性和竞争一直存在着，甚至是决定性因素……在哥伦比亚读着像‘丰富的机会’这种优美的叙事诗的学生们，需要多长时间才能了解科学史上大量的嫉妒和争斗呢？”

加州大学动物学系的吉塞林（Ghiselin M T）也曾著文指出：

“……个性冲突在科学思想的发展中有时非常重要。我敢说，这应该被当作一条规则而不是一个特例，这一规则使生物学只会变得更加清晰。”

反观我国科学史的研究，则似乎过分强调历史的、客观的规律，而对丰富的心理学事例几乎很少有人问津。这不能不说是一个大缺陷。我想，这是不是物理学中机械决定论在科学史研究中的一种反映？

除此以外，下面的一个问题也值得重视。

2. 观察的可靠性问题

有一个小故事，它或许有助于我们了解 N 射线事件。

我们知道，卢瑟福是一位伟大的物理学家，他所领导的卡文迪许实验室对于实验结果要求有非常严格的检验。卢瑟福经常强调，正确的实验结果必须能用多种方法重复出来。20 世纪初，卢瑟福的实验室在做元素嬗变实验研究时，他们的结论与奥地利科学院院士梅耶（Meyer S，1872—1949）领导的镭研究所得到的结论有重大的差异，这使卢瑟福十分吃惊。梅耶在放射性和核物理方面有许多重要贡献，而且是卢瑟福的好朋友。卢瑟福虽然对自己的研究结果充满信心，但毕竟梅耶也不是平庸之辈，于是卢瑟福请查德威克去梅耶实验室考察一下，弄清差异产生的原因。考察的结果使查德威克大吃一惊，梅耶实验室竟然采用了一种极不可靠的观察方法，正是这种不可靠的观察方法导致梅耶的失误。

原来，梅耶实验室专门找一些斯拉夫姑娘来读粒子轰击元素后引起荧光屏上的闪烁数，据说斯拉夫姑娘眼睛大，读数准确。这当然无可非议，即使斯拉夫姑娘眼睛不大也没有关系，但糟糕的是他们在向姑娘们交代任务时，先把预想的结果告诉了她们。而卡文迪许实验室在这方面的做法就明显不同，他们专门找那些不懂行的人来读数，并且事先绝不告诉他们结果“应该会怎么样”。后来，查德威克向梅耶建议，由他亲自用卡文迪许实验室的办法来安排姑娘们进行观察，他连放射源、屏幕等都不作交代，只让她们见闪亮就读数。结果，实验结果与卡文迪许实验室的结果一样。

那么，布隆德洛的实验助手对N射线事件起了什么样的作用，有没有什么影响呢？这是许多考察N射线事件的学者十分关心的事情。伍德认为，布隆德洛的助手“还没有足够的科学知识来制造这样一个骗局”，而且据分析N射线事件的一位学者皮瑞特（Pierret E）的考察，布隆德洛“从未以欺骗的原因责备他以前的助手”。但是，有根据认为，由于以下两方面原因，布隆德洛的助手仍然对N射线事件的发展起了推波助澜的作用。

一是当时实验物理学家们多有梅耶实验室的习惯，在布置助手们做实验时，常常做过多的指示，有意无意地道出“实验出现什么样的结果最理想”等带有“启发性”的暗示。这种暗示，肯定会使助手们“观察”到超出实验所能提供的一些“结果”，正如梅耶实验室的斯拉夫姑娘所做的一样。皮瑞特在考察中明确指出，“布隆德洛也有这种习惯”。这样，布隆德洛的助手肯定向布隆德洛提供了一些失真而又被作为真实的信息。

另一原因多少带有一点猜测了。皮瑞特指出，在N射线“发现”以前，布隆德洛曾两次获得奖金，他的助手因实验的成功也获得了奖金的一部分。那么，期望N射线实验成功以获得更多的奖金，很可能影响了助手的观测。著名教授的“暗示”，再加上对名利的追求，的确会很容易使观测者有一种偏爱某些数据的心理。这并不是什么罕见的现象，问题是科学家应该认识到这一情况，并采取有效措施防止这种偏向带来的虚假结果。也许布隆德洛正是在这上面出了问题。

美国物理学史研究中心的威尔特（Weart S）在对各国为物理学提供基金倾向进行考察时，在法国发现一份没人注意却十分有趣的文件。这份文件是布隆德洛在宣布N射线被发现后两周写的一封推荐信，目的是想提高助手的薪金和地位。信是这样写的：

“……如果我能完成（我的工作），那应该感谢一个非常有献身精神的合作者的得力帮助，他就是我们实验室的技师菲尔兹先生（Mr Virtz L）。他不仅制造了所有的设备，而且对于安装这些设备也提出了不止一个聪明主意；另外，他重复了我所有的实验和测量，以及一个精密研究中不可缺少的控制过程。”

如果说勒杰曼在他的文章中只是暗示“布隆德洛的助手或许扮演了一个对 N 射线过分热心的促进者的角色”，那么，在引述了上面的推荐信后，威尔特就有理由叹息说：

“布隆德洛过分信赖一个依赖他的人的科学辨别力了。”

总的看来，布隆德洛犯下了严重的错误这是无可否认的，他犯错误的原因也是多方面的。在他之后，这些错误原因还一再使其他科学家犯下了许多类似的错误。

这也许更值得人们深思。

# 迈克尔逊为什么感到遗憾?

尊敬的迈克尔逊博士，您开始工作时，我还是一个小孩子，只有一米高。正是您，将物理学家引向了新的道路。通过您的精湛的实验工作，铺平了相对论发展的道路。您揭示了光以太理论的隐患，激发了洛伦兹和菲兹杰诺的思想，狭义相对论正是由此发展而来。没有您的工作，这个理论今天顶多也只是一个有趣的猜想，您的验证使之得到了最初的实验基础。

——爱因斯坦 A

迈克尔逊是美国伟大的实验物理学家，由于他的光学实验极其精确，因而获得了1907年诺贝尔物理学奖。

1931年，爱因斯坦到美国时，专门去拜会了迈克尔逊。爱因斯坦当面表示了对迈克尔逊的敬佩。他说：

“尊敬的迈克尔逊博士，您开始工作时，我还是一个小孩子，只有一米高。正是您，将物理学家引向了新的道路。通过您的精湛的实验工作，铺平了相对论发展的道路。您揭示了光以太理论的隐患，激发了洛伦兹和菲兹杰诺的思想，狭义相对论正是由此发展而来。没有您的工作，这个理论今天顶多也只是一个有趣的猜想……”

迈克尔逊听了爱因斯坦的称赞后，说：

“我的实验竟然对相对论这样一个‘怪物’起了作用，真是令人遗憾呀！”

这时迈克尔逊已经79岁了，他是不是老糊涂了？因为到1931年的时候，相对论早已被全世界科学家接受了，而且获得了极高的声誉，爱因斯坦本人也在1921年获得了诺贝尔物理学奖。在这种情形下，迈克尔逊不仅不为自己对相对论有所贡献感到高兴，反而感到“遗憾”，岂不让人“丈二和尚，摸不着头脑”吗？

要想弄清这件事的来龙去脉，我们还得从头讲起。

## （一）

1852 年 12 月 19 日，迈克尔逊诞生在波兰的一个小镇斯特列罗。他的父亲是一个经营纺织品商店的老板，母亲也是商人的女儿。

19 世纪中期，由于欧洲经济危机和政治上的动乱，许多欧洲人都向美国迁居。迈克尔逊的几个姑妈都在美国，因此，他们全家也决定于 1856 年迁往美国，那年迈克尔逊只有 4 岁。他们先乘船到巴拿马，然后乘火车、独木舟，骑骡子……最后又乘远洋轮船，到达旧金山。

读中学时，迈克尔逊因家中经济不宽裕，学习之余常为学校清理物理仪器，每月可得到 3 美元的报酬。中学校长伯拉雷先生对光学很有兴趣，常常给迈克尔逊讲解奇妙的光学现象。这使迈克尔逊对科学，尤其是光学，从此有了极大的兴趣。迈克尔逊一生不忘伯拉雷校长对他的启发引导。他曾经在回忆文章中写道：

“伯拉雷校长是一位了不起的人，我非常感谢他对我严格彻底的训练。他喜欢我，对我的训练非常严格，特别是在数学方面。当时我并不喜欢这样，因为太艰苦了！但后来我十分感激这种训练。”

迈克尔逊 16 岁时中学毕业，是班上年龄最小的一个。考什么大学呢？迈克尔逊征求伯拉雷校长的意见。校长说：

“你可以报考安纳波利斯海军学院，我们学校有一个名额。”

“您为什么以为那儿好呢？”迈克尔逊问。

“那儿可以受到很好的实验训练，尤其是光学实验。另外，在海军学院读书可以得到生活、旅费补助。毕业后工作没问题，待遇也不错。”

迈克尔逊听了校长的建议，报考了海军学院。他考得很好，名列前茅。但是，本应属于他的这个名额，却被一位议员开后门给了别人。迈克尔逊不服气，决心要进海军学院。于是他在亲朋好友的帮助下，凑齐了路费，亲自到华盛顿去见当时的美国总统格兰特，申明自己的情况和决心。

格兰特总统在白宫接见了迈克尔逊，对这位年轻人的决心、勇气，十分欣赏，竟然破例允许他进入海军学院。

以后，迈克尔逊常常骄傲地说：

“我一生的事业，就是从这次‘不合法’的行动开始的。”

## （二）

1873 年，迈克尔逊从海军学院毕业后，被任命为海军学院的物理教师。这时，他对于在实验室测量光的传播速度有强烈的兴趣。光传播的速度很快，每秒达 30 万千米。这么快的速度，简直难以想象。我们知道，飞得最快的飞机，每秒也只能达到 1.7 千米左右，而光速是每秒 30 万千米！难怪迈克尔逊说：

“光速的数值大大超越了人们的想象力。但是，我们可以用极精确的方法，将它测量出来。因此，测量光速是一件非常吸引人的工作。”

1877 年 11 月，他设计了一个很巧妙的方法，可以更精确地测出光速。可惜他没有钱购买仪器设备。幸亏他的岳父很富有，也很支持他的研究，就送给他 2 000 美元购置设备。有了这笔不小的赠款，迈克尔逊才顺利地在 1878 年完成了实验。这次实验，由于他把光速测得很准确，因此引起了全世界科学家的重视。

他家乡的人对迈克尔逊的成就非常自豪。在当地报纸上，还专门刊登了一则消息：

“本地布商萨缪尔的儿子迈克尔逊海军少尉，由于在测定光速方面有惊人发现，引起了人们广泛的重视。”

正在这时，全世界物理学家都在关心以太的问题。物理学家们认为光是靠以太传播的，但以太又十分神秘，很不容易找到它。很多实验室都想寻找以太，但都没有结果。迈克尔逊这时测量光速出了名，很多人劝他：

“你的仪器是世界第一流的，如果你用实验寻找以太，那是再合适不过的了。”

迈克尔逊一听，正中下怀，于是下决心从事“寻找以太”的实验。

到 1887 年，迈克尔逊用当时最先进的光学仪器，寻找以太已经好几年了，但一直找不到这个神出鬼没的东西。他在一年不同的时期，如春夏秋冬，重复他的实验，但是不管他如何努力，就是找不到以太的踪迹。

有人说：“也许迈克尔逊的实验设计有缺点？”

但是，经过最仔细、最挑剔的分析，迈克尔逊的实验，几乎没有任何设计上的失误。这就是说，迈克尔逊实验证实：根本没有以太；以太是科学家自己想象出来的一种实际上并不存在的 东西。

美国物理学家密立根（Millikan R A，1868—1953；1923 年 获诺贝尔物理学奖）当时认为：

“迈克尔逊的实验结果，是一个不合道理的、看上去无法解释的实验事实。”

荷兰物理学家洛伦兹说：“我真不知道应该如何看待迈克尔逊的结果，是不是他的实验还有漏洞？”

英国物理学家瑞利叹气说：“迈克尔逊的实验结果真令人扫兴。”

## （三）

迈克尔逊虽然用他闻名于世的实验，证实了以太根本不存在，但他本人直到他去世的时候都没有放弃以太。在他晚年，还经常提到“可爱的以太”。在去世前 4 年出版的最后一本书上，他还写道：

“虽然相对论已被普遍接受，但我个人仍然保持怀疑。”

我们知道，迈克尔逊 1931 年去世，那么上面那段话应该是 1927 年写的。到 1927 年，相对论早已被认定是 20 世纪最伟大的理论了，而迈克尔逊却坚持不承认相对论，这种极端的保守态度真令人感到惊讶。他不但不为自己曾对相对论作出了贡献而高兴，相反却感到遗憾。

迈克尔逊是一位伟大的实验物理学家，这是大家都承认的。他终生从事光学精密实验，为科学发展作出了卓越的贡献。但在对待物理学发展的态度上，他不容易接受新的物理思想。他经常自信地对人们说：

“物理学的发展只能通过精密测量得到，只能在小数点以后的第 6 位数上寻找。”

做精密的实验，对物理学的进步当然很重要，但是，如果没有理论上的指导，精密测量就会失去意义。例如，迈克尔逊自己把光学实验做得非常精密，属于世界第一流的，但他不能引起物理学发生重大的、突破性的进展。

爱因斯坦说得好：

“是理论决定你观察到什么。”

这是什么意思呢？每个人在实验中作观察测量时，他脑子里一定事先有一种想法（所谓想法，广义地说，就是一种理论），这种想法支配你如何进行观测。打个比方，如果你对天上的云，事先没有任何理论知识，你向天上的云看了好半天，也许什么也看不出来，只知道云彩在天空变化万千，绚丽多彩。如果你知道许多天气知识，你向天上多看几眼，就可能说出今天、明天的气象：有没有雨、有没有风……这就是“理论决定你观察到什么”。

迈克尔逊正是由于对理论、假说的意义缺乏正确的认识，所以他对别人提出的新理论、新思想不感兴趣，有时显得十分无知。

有一次，他问一位天文学家：

“英国的爱丁顿先生提出一种恒星理论，这个理论是怎么一回事？”

那位天文学家回答说：

“爱丁顿认为，有一种恒星上的物质，密度比水大30 000倍。”

迈克尔逊急忙打断那人的话头，说：

“那不是比铅的密度还大？”

铅的密度，是地球上密度最大的。那位天文学家点了点头，迈克尔逊于是斩钉截铁地说：

“那么，爱丁顿先生的理论一定错了！”

实际上，爱丁顿的理论并没有错，天空中有一种叫“白矮星”的恒星，那上面的物质的密度真是比水的密度大几万倍。但 这种奇特的结论，迈克尔逊是决不相信的。

正是因为迈克尔逊只埋头专心于实验，对新理论不感兴趣，又不喜欢与其他研究者合作，所以他一直不愿意承认相对论。

有一件趣事。1931 年迈克尔逊病重时，许多科学家去看望他，他的妻子总是在大门口小声叮咛探视迈克尔逊的客人：

“千万别向他提到相对论，否则他会发火。”

他直到去世，也未改变这种保守观点。

# 两个诺贝尔奖获得者如何成了纳粹分子?

最好的东西如发生腐化，就成为最坏的东西。

——霍尔

绝大多数科学家都如法拉第所说：从事科学研究工作的人，都应该是道德高尚的人。科学史上要举出这样的例子，岂止成千上万！但是，也确有极少数在科学事业上作出过重大贡献，而在道德品质上腐化败坏的人物。曾经获得 1905 年诺贝尔物理学奖的德国物理学家勒纳（Lenard P，1862—1947）和 1919 年获诺贝尔物理学奖的德国物理学家斯塔克（Stark J，1874—1957），就是属于后一种在道德品质上非常恶劣的科学家。他们的科学成就当然不会被人们抹杀，但他们的劣迹，同样也应该昭之于世，让人们对他们有一个全面的评论，并从中吸取教训。遗憾的是，有些科学家传记作品，对此二人的劣迹只字不提，甚至对他们的“德行”着了不少笔墨，这是很不全面的，也是对历史的不负责任。

## （一）

勒纳于 1862 年 6 月 7 日生于匈牙利的普雷斯堡，他的父亲是一个富裕的酒商。1886 年，勒纳以最优秀的成绩在海德堡大学获博士学位，以后曾先后在波恩、布雷斯朗、埃克斯—夏佩勒、亚琛、基尔和海德堡等大学任教。1894 年他被提升为教授。

由于勒纳在阴极射线方面的研究，特别是他制成了带有“勒纳窗口”的阴极射线管，并和其他科学家共同确定了阴极射线是由带负电的粒子所组成的，这使勒纳在科学界出了名。勒纳还推进了赫兹研究的光电效应，得出了一些定量的规律，但这些实验得出的规律和光的电磁波学说相互矛盾。直到1905年，爱因斯坦进一步发展了普朗克的量子理论，才完满地解释了勒纳发现的光电效应定律。后来这一定律被冠以爱因斯坦的名字，称为爱因斯坦光电效应公式。《诺贝尔演讲录：物理学》(Nobel Lecture，Physics)一书评论说：

“勒纳一直不原谅爱因斯坦用自己的名字冠在这个定律之上。”

日后勒纳疯狂攻击爱因斯坦，这也许是原因之一吧？

勒纳的实验才能是公认的，“但他是不是一个理论家尚值得怀疑”。勒纳读书时，颇能吃苦，也比较谦虚，但到成名之后，却对自己有些不自量了。他不仅有时过分夸大自己发现的价值，而且也因此总认为别人对自己的重要性认识不足；再加上他和下面将要说到的斯塔克等偏重实验的物理学家们一样，对爱因斯坦、玻尔、海森堡（Heisenberg W，1901—1976）等理论物理学家十分抽象的理论不习惯，或者说根本不懂，以至于后来借助反动的法西斯势力发泄心中的不满，恶毒攻击理论物理学。这些，都无一不与他那病态的好胜心有关。

斯塔克于1874年出生在德国巴伐利亚的希根霍夫一个农场主之家。1894年，他考入慕尼黑大学读物理和数学。1897年取得博士学位。以后，他一直在德国大学任教和做研究工作。斯塔克有极高的实验天赋，别人感到极困难的实验，他却常能很轻松地完成。例如，光波的多普勒效应、电场作用下谱线的分裂等实验，都是许多人失败之后，由他轻松地完成的。他也因为这些方面的研究而获得诺贝尔物理学奖。

斯塔克脾气非常之坏，几乎所有的同事都同他吵过架。据说他这种爱吵架的习气从小就养成，而且很大一部分责任在于母亲的怂恿。但十分奇怪的是，他从未与勒纳吵过架，这很可能是他与勒纳有共同的观点（包括科学上、政治上）。当德国法西斯势力嚣张之时，几乎所有德国物理学家都极力反对法西斯政权，义愤于希特勒纳粹党的暴行，而唯独勒纳和斯塔克与众不同，成了纳粹党的忠实党徒。进而，他们借助非学术上的力量，打击与自己观点不同的科学家，首先是爱因斯坦，其次是海森堡，并有着置之于死地而后快的残忍心态。他们在法西斯摧残科学的丑剧中，扮演了极不光彩的角色。

这幕丑剧发生在 20 世纪 30 年代科学很兴旺的德国，尤其值得我们深思。

## （二）

事情还得从头说起。1920 年，爱因斯坦的相对论开创了物理学发展的新纪元，获得了空前的赞誉。由于爱因斯坦是犹太人，所以他越是出名，就越使德国反犹分子怀恨在心。于是，一个以保罗·韦兰为首的“德国自然科学家协会”的组织在暗中组成。起初，大部分科学家并不知道这是一个什么样的组织，其宗旨是什么也不清楚，直到1920年8月底，人们才逐渐认清了这个组织的真面目。

1920年8月24日，这个组织在柏林音乐厅举行了“声讨相对论”的第一次报告会，据说以后将有20多次这样的报告会。爱因斯坦和劳厄参加了第一次报告会。会上，第一个发言的就是韦兰，他强词夺理地说：

“据我所知，创立相对论的人不是德国人！”

这真是荒谬绝伦！不是德国人就不能创立相对论了?！当然，当时很少有人能敏锐看出，这种疯狂的言论，只不过是德国反犹势力上台前的序曲罢了！虽然这件事引起了德国几乎所有著名科学家的愤慨，但毕竟韦兰是一个科学界无足轻重的人物，人们可以对他嗤之以鼻。但一个月后举行的“德国自然科学家和医生协会”年会，情形就大不一样了，因为这次会上勒纳开始公开出面向爱因斯坦开火了。勒纳可不是韦兰，他是一位在科学界有很高地位的人，而且在1909年，勒纳还在信中称赞爱因斯坦，说爱因斯坦是“深刻的、有深远影响的思想家”。而现在他却如此攻击爱因斯坦，可以想象，人们以及爱因斯坦本人该是感到多么惊奇！这一次双方总算还能在表面上维持在科学争论的水平上，勒纳还不敢过分嚣张。

但在1922年的年会上，勒纳就开始越出了科学争论的范围，对爱因斯坦进行诽谤性攻击。海森堡在他的回忆录中说：

“当我走进会场时，有一个青年人把一张红色的传单塞到我手里……传单把整个相对论说成是狂热的推测，根本没有什么内容，是用犹太人的游说以及完全不相容的东西……”

海森堡开始以为这种传单肯定出自精神病患者之手，当他后来知道传单出自勒纳之手时，他突然感到整个世界似乎崩溃了，以至在昏昏沉沉离开会场时，把来开会时的全部携带品弄丢了。由此可见勒纳出面反“犹太人物理学”，其震动是何其之大。

1933 年 3 月，希特勒登上了总理宝座，勒纳认为，公开反对爱因斯坦的时机已到。于是，他迫不及待地在纳粹机关报上肆无忌惮地叫嚷说：

“犹太人对自然研究的危险影响最重要的证明之一就是爱因斯坦先生的理论！这是一个古老知识与一些新玩意拼凑而成的数学上的大杂烩。这个理论现在已经像一切与自然隔绝的东西一样，逐渐地解体了。相对论之所以会在德国产生，某些颇有成就的科学家是有推脱不了的责任的，他们没有或者不愿看清相对论的本质！”

这话中所含的杀机，已是非常明显的了。他不仅要拿爱因斯坦开刀，还要顺手收拾一大批著名科学家。下面接着说的话，更是阴险毒辣。他说：

“我们以前把这个犹太人当作是个好德国人，甚至在科学领域以外也认为他是一个好德国人，这是多么地错误!”

这句话充分反映了纳粹党“纠正错误”的决心。怎么纠正呢？杀！集中营！幸好这时爱因斯坦已经逃离德国，到美国定居了。

## （三）

由于德国法西斯的残酷迫害，凡是与犹太血统有一点点关系的科学家，不是被迫离开了德国，就是进了死亡集中营，德国各大学理论物理教授锐减。对此，勒纳洋洋得意地说：“外来思想已经自动离开了大学，对，离开了这个国家!”

1935年，在海德堡大学的菲利普·勒纳学院开幕典礼上，勒纳更加猖狂，而且已表明他死心塌地追随希特勒了。他在典礼上说：

“我希望本学院能成为一面反抗科学中亚洲精神的战旗。我们的领袖已经在政治与经济中剔除了这种精神——也就是所谓马克思主义。而在自然科学里，由于过分重视爱因斯坦，以致情况仍在摇荡之中。我们必须认清：德国人在知识上追随一个犹太人是不值得的。我们通常所说的自然科学，完全起源于雅利安人，德国人今天必须从未知的领域中自己走出一条路来！希特勒万岁!”

勒纳追随希特勒由来已久，而且他不像其他受蒙蔽的科学家那样把希特勒看成是一个受教育不全的人，他很早就支持希特勒，因而希特勒也十分赏识他，把勒纳作为自己的科学顾问。勒纳为了报答这一赏识，也就更加卖劲地兜售“雅利安人是最优秀的人种，理当统治全世界”的谬论。从1936年到1937年，勒纳为了配合法西斯的宣传，挖空心思地炮制了4卷本的《德国物理学》。在该书的前言中，他大放厥词：

“德国物理学，其实我本来应该说是雅利安物理学或北欧人的物理学，是一门属于那些已发现了自然科学的人的科学……科学（像人类产生的其他东西一样）是由种族决定的。”

勒纳认为，凡是过分抽象的理论就应视为“犹太物理学”。显然，这都是不值一驳的胡说，也是对德国自然哲学家康德的直接否定。勒纳还在书中写道：

“犹太物理学，可以非常恰当地由一个人来代表，这个人可能是最重要的代表人物，他就是纯粹犹太血统的爱因斯坦。他的相对论改变并主宰了整个物理学。但是面对现实时，则毫无立足之处，它甚至连一点真实的倾向都没有。相对于雅利安科学家对于真理的严肃态度，犹太人极度缺乏体会真理的能力。”

勒纳要么就是被纳粹政治狂热冲昏了头，要么就是纯粹的无耻，竟然不顾物理学史中的基本事实，说出了上面一派胡言。作为一个曾经得到殊荣的科学家，竟连最起码的尊重事实的态度都没有，实在是利令智昏，无耻之尤！

勒纳有一个最忠实的同盟者，那就是斯塔克。在反对“犹太物理学”的行动中，斯塔克特别卖力。斯塔克特别仇视海森堡，因为海森堡既年轻又有很高的声望，而且海森堡极力反对所谓的“雅利安物理学精神”，认为这只是梦呓，是不负责任的胡说，这就使得勒纳、斯塔克之流的倒行逆施不能随心所欲。因此，海森堡成了他们推行法西斯政策的重大障碍，被视为眼中之钉、肉中之刺。1935 年，在上面提到的勒纳学院开幕典礼上，斯塔克在勒纳大放厥词之后，接着叫嚷：

“爱因斯坦现在已从德国滚出去了，但是可惜他的德国朋友和支持者还有可能依照他的思想继续发挥作用。他的主要支持者普朗克还居于威廉大学学会领导地位，他的代言人和朋友冯·劳厄先生还可以在柏林科学院起鉴定人作用，而那个理论形式主义者海森堡，爱因斯坦幽灵的幽灵，甚至要用聘任来加以表扬。”

从斯塔克的话中，可以明显看出，一批著名物理学家都在他们的“横扫”之列，而像劳厄、普朗克、海森堡这些著名物理学家，更是被公开点了名。斯塔克所说的“聘任”一事，的确事出有因。许多正直的科学家们担心，这些疯狂、无耻之徒也许会掌握各大学及科研机构的领导权，所以各地大学都有人进行暗中的抵制行动。慕尼黑大学物理学教授索末菲（Sommerfeld A，1868—1951）快退休了，他担心勒纳之流占领这个重要的位子，就在退休之前，特地推荐海森堡继任慕尼黑大学物理学教授。这件事后来没有成功，这是因为海森堡公开反对勒纳和斯塔克的观点，而且为爱因斯坦和自己辩护，德国纳粹当局怎么能够容忍？当然，勒纳和斯塔克的挑唆、诬蔑也起了重要的作用。

海森堡在忍无可忍的情况下，于1936年2月28日在《人民观察报》上发表了一篇摆事实、讲道理的文章，阐述了理论物理的传统是康德开创的，有极大价值，并应继续推进这方面的工作。斯塔克这时已官运亨通，当上了帝国物理技术学院的院长。斯塔克对海森堡的文章作了“答复”。斯塔克在“答复”中继续坚持早已有的看法，认为实验物理才是真正的物理，所有的重大发现都来源于实验物理。他说：

“理论只不过是一种方法，一种计算和表述的辅助手段，一种变质的犹太精神，不允许它再像迄今那样产生决定性的影响……”

一年后，即1937年7月15日，斯塔克更别有用心地在德国党卫军机关报《黑色军团报》上，以“科学中的白色犹太人”为题，向海森堡及另外一些理论物理学家进行了攻击和威胁：他称海森堡为“犹太伙伴”、“犹太弟子”，而且诬蔑说海森堡之所以获奖、出名，是他的犹太伙伴们吹出来的。在斯塔克的煽动下，甚至有人放风说，集中营是海森堡最合适去的地方，他可以在那儿去用他的思想思考问题……

这已经是最危险的信号了。海森堡尽管是纯雅利安人，但

“白色的犹太人”这顶帽子，在当时足以把海森堡置于死地。后来，由于许多著名科学家的保护，以及勒纳、斯塔克过分飞扬跋扈，得罪了不少纳粹头领，遭人嫉恨，已经不受重用，因此才使海森堡幸免于难。

勒纳和斯塔克的攻击虽然凶恶无比，但附和者寥寥无几，大多数知名科学家对他们的倒行逆施嗤之以鼻，所以他们也未能长期得势。

第二次世界大战后，斯塔克于1947年被盟国军事法庭判刑，服了4年苦役。刑满以后，他已是70多岁的老人，于是专门从事回忆录的撰写。在他的回忆录中，他提到了这段不堪回首的往事，认识到他之所以失足成为纳粹党徒，主要是因为种族歧视的缘故。

这段往事是不能忘记的，在写他们的传记时更不能撇开不写。因为我们至少可以深思一下：作为最讲究事实的科学家，何以成了无视事实的无耻之徒!?不深究此中原因，以后这种无耻之徒还会在一定的气候下，卷土重来，为非作歹。

# 爱因斯坦的“双生子佯谬”

互相排斥的东西结合在一起，不同的音调造成最美的和谐；一切都是斗争所产生的。

——赫拉克利特

双生子佯谬（twin paradox）又称为“时钟佯谬”。自狭义相对论问世后，这一佯谬一直是一个众说纷纭而又引人入胜的问题。下面，我们首先介绍一下这一佯谬之“佯”。

## （一）

我们设想甲、乙是一对年满20岁的孪生子。他们准备作一次高速飞船旅行，以检验狭义相对论的结论。甲留在地球上，乙则乘高速宇宙飞船以相对于地球为0.99c（c为光速）的速度做星际旅行。10年后，乙返回地球与甲相会。由狭义相对论可以推算，对留在地球上的甲看来，乙星际旅行所经历的时间大约为70年。

双生子佯谬

这就是说，当乙乘宇宙飞船返回地球时是30岁，而他的孪生兄弟却已是90岁的老人了！

然而，运动是相对的，按爱因斯坦想象的“我们应用任何一个坐标系都一样”，那么坐在飞船上的乙可以认为自己是静止的，而地球上的甲却以 0.99c 的速度作星际旅行。这样，乙得到的结论与甲的恰好相反：当他们相会时，甲应该才 30 岁，而乙自己应该是90 岁的老人。这两方面的论点似乎都言之有据、无懈可击。那么，到底是谁年轻呢？这是一个有名的“双生子佯谬”。下面我们将从两方面来分析这一疑难产生的原因。

首先，我们从物理概念上进行分析。双生子佯谬的关键是，乘宇宙飞船遨游星际的乙还要回到出发点地球。显然，乙的飞船如果仅仅做匀速直线运动，是不可能回到地球上来的。乙的飞行路线一定要有去有回。因此，在地球上的甲看来，乙的飞行路线是在做有速度变化的运动。问题就出在这儿！因为按照狭义相对论运动时钟变慢的理论，只有当甲和乙都是惯性系才成立。也就是说，只有当甲和乙之间的相对运动速度不变时，甲看乙的钟变慢，乙看甲的钟变慢这种对称性才能保持。而现在甲和乙之间出现了变速相对运动。因而这种平权的相对性、对称性，就不能使用了。

也许有人会提出：你说在甲看来，乙在做变速运动，那么在乙看来，甲相对于他不是也在做变速运动吗？二者不还是绝对平权、高度对称吗？

提这种问题的人，犯了一个错误，他忘了甲和乙都生活在具体的宇宙中，他们周围还有数不清的星体。因此，在双生子问题中我们应该考虑三个方面的因素：甲、乙和他们周围的整个宇宙。这样，上面的问题就有了另一种完全不同的景象了。如果甲留在地球上，他相对于他四周的天体并没有做上面提到的变速运动。在甲看来，只有乙在做变速运动。在乙看来，情况就大不一样了，他不仅仅看到甲在做变速运动，而且整个宇宙都在做变速运动。甲，只有一个飞船；乙，整个四周的宇宙，这显然不对称，也就是说在相对性上不平权，因而由相对论、对称性引起的佯谬实际上不存在。

双生子佯谬首先是由法国物理学家朗之万（Langevin P，1872—1946）提出的，此后讨论这个问题的文章虽然不少，但多半认为这个问题只能用广义相对论才能解决，用狭义相对论是解决不了的。例如托尔曼（Tolman R C，1881—1948）在20世纪30年代就提出用“等效原理的方法”解决这一佯谬，并证明乙应比甲年轻。后来，物理学家们认为，只要正确运用狭义相对论，完全不需要用广义相对论，也可以解决双生子佯谬，得出的结论与广义相对论的结论完全相同。详细的计算过程我们在这里略去不讲，读者可以自己找有关的书看，下面我们只把由计算所引出的结论作一个交代。

解决双生子佯谬的关键，是乙的速度反向时，乙应观察到甲的年龄有一突然的增长：$2vl/c^2$。这个增长可以由广义相对论的等效原理和引力场中钟慢公式算出。在狭义相对论中，乙在往回飞行时，必须由去时的惯性系 $S'$ 转到回航时的另一惯性系 $S''$。这样，由同时性的相对论可知，在乙看来，地球参照系

$S$ 各处的钟都要发生突然变化，而地球上的钟将改变 $2vl/c^2$。因而，只要正确地应用狭义相对论，无论是甲，还是乙，均能得出同样的结论：双生子留在地面上的那一个年龄要大一些。

以上是双生子佯谬在物理学上的解释。下面我们再从哲学、方法论的层次对这一佯谬作一分析。

## （二）

我们知道，相对性原理是贯穿狭义相对论和广义相对论的一根支柱，爱因斯坦把自己的理论叫相对论，正是以此为据。相对论中两个层次的区分，也正是以相对论原理有狭义和广义的区别为依据。在爱因斯坦看来，要想理解相对论，首先就得理解相对性原理。相对性原理的核心是"相对性"这一观念。从这一观念出发，便否认了经典力学中所强调的"绝对运动"。爱因斯坦在《相对性：相对论的本质》一文中曾经明确指出：

"全部物理现象都具有这样的特征，即它们不为'绝对运动'概念的引进提供任何根据，或者用比较简短但不那么精确的话来说：没有绝对运动。"

在科学探索的历史发展过程中，有一条非常令人瞩目的科学探索方法，或者说发展路线，那就是不断挣脱对事物运动绝对性看法的桎梏，从而扩展相对性的因素，深化对自然界的相对性的认识。这样的一条路线，为创造性思维发挥作用留有广阔的天地。相对论的建立，实际上正是人类对相对性思想认识发展的必然结果。爱因斯坦本人也曾经说过：

“至于相对论，它根本不是一个革命行动的问题，而是一条可以追溯到很多世纪的路线的一种自然发展的问题。”

在亚里士多德以前直到远古时期，人们对空间的认识有某种绝对性。即所谓“上”和“下”是绝对的。这起因于一种“天圆地方”的观念，平坦的大地之上，是圆形的天空，因而“上”和“下”有截然的区别。这就是空间方向的绝对性。两千多年前，古希腊学者亚里士多德提出了一种新的宇宙模型。在这一模型里，我们赖以生息的大地是一个球，位于宇宙的中心，另有 7 个同心球壳环绕地球。月亮、太阳、行星和恒星分布在不同的球壳上做“完美的”圆周运动。这一模型在现代人看来是十分幼稚可笑的，谁也不会相信。然而，在两千多年以前亚里士多德就敢于大胆提出地球是一个圆球，实在是一个伟大的进步。从时空观的角度来看，亚里士多德的宇宙模型使得“上”和“下”这两个方向具有相对性。也就是说，亚里士多德的空间是各向同性的，没有一个方向具有特别的优越性。这是“空间方向上的”相对性，是人类对于空间观念认识上的一个重大进步。

亚里士多德的宇宙模型抛弃了空间方向上的绝对性，但仍然保留了“空间位置的”绝对性。在亚里士多德看来，物体在宇宙中的位置具有关键的作用。地球的球心是宇宙的中心，这是绝对的；宇宙空间分为“月上”（比月亮远）和“月下”（比月球近）两个完全不同的世界，它们之间有一条绝对的分界线。这些“绝对的位置”，起着支配物体运动的作用。“月上”物体如太阳、月亮、星星被认为处在所谓“天然位置”上，随地球做“完美的”圆周运动；“月下”物体的天然位置在地球的中心，因此它们被迫作落体运动以回到其天然位置上去。这种从亚里士多德开始的位置的绝对性，到伽利略都没有得到根本的改变。

从前面已经写的关于伽利略的一节可以知道，伽利略作为近代物理的奠基者，对近代物理的建立、发展作出了杰出的贡献。他提出了“加速度”这一重大概念；提出了惯性定律；还明确提出相对性原理，指出不仅运动是相对的，而且运动规律也是相对的。他那描述力学相对性原理的生动、优美的语言是每个初学物理的人都终生难以忘怀的。正是伽利略，摧毁了亚里士多德框架在地球上的基础。关于月球以外的天体，当时已经有了开普勒（Kepler J，1571—1630）发现的行星运动的三条经验定律。在这样的基础上，伽利略应该说是有可能发现万有引力定律的。但由于他始终没有突破“月上”和“月下”这个绝对性的框架，所以他只能因袭古老的传统：天上的运动与地面的运动各自遵循着不同的规律；天体运动是惯性运动。难怪牛顿曾不无感慨地说：

“物理学上的一切困难，看来是在这里。”

到牛顿建立万有引力理论后，人们才终于从亚里士多德的绝对性框架的桎梏中挣脱出来。牛顿发现苹果落地和月亮绕地球运行遵循着同样的规律。月亮并不是因为已经在它的“天然位置”上，才作完美的圆周运动，苹果也不是因为要回到自己的“天然位置”上，才被迫落下。它们之所以要作这样的运动，那是由于伟大的万有引力在起作用。这样一来，“月上”和“月下”的绝对不可逾越的界线终于被打破。在牛顿力学的方程里，宇宙中不存在一个绝对优越的中心地位，任何时空点都是平权的。即对于任何时空点进行计算，物理规律都是一样。这种时空观中新的相对性，是一个观念上的重大进步。但是，在牛顿力学里仍然保留了许多绝对的观念。例如，他在他的力学中引入了“绝对空间”和“绝对时间”这两个概念。在《原理》的“注释”中他写道：

“绝对的、真的及数学的时间，是自身在那里流，而因其性质，是等速的且不与外界任何对象有关系。”

“绝对的空间，就其本性而言，与外界任何事物无关，因而永远是相同和不动的。”“为物体所占的空间之部分，就空间之相关可为绝对的或相对的。”

有了绝对的时空，当然就会有绝对运动。“绝对运动是物体由一个绝对处所至一个其他的绝对处所之转移。相对运动则由一相对的处所至其他一相对处所之转移。”

我们知道，牛顿是一个经验论者，他曾经明确指出，科学研究“最好和最可靠的方法，看来第一是勤恳地去探索事物的属性，并用实验来证明这些属性。”他还认为，这种实验检验也就是对所提出的物理理论的评价。他在一封给英国皇家学会秘书奥尔登柏格（Oldenburg H，1615—1677）的信中写道：

“我对你说过，我之所以相信我所提出的理论是对的，……是因为它是从得出肯定而直接的结论的一些实验中推导出来的。所以，考察它的方法，就在于考虑我所提出的实验，是否确实证明了这个理论中应用了这些实验的那些部分，或者是去进行为理论自身的验证而提出其他实验。”

由此观之，牛顿不会容忍在他的体系中存在先验的观念。那么，他怎么用实验验证他的绝对空间呢？牛顿提出了著名的水桶实验，用以判断哪些运动是相对于绝对空间的绝对运动。牛顿的结论是：

“绝对运动与相对运动所用以区分的根据，是离开运动轴之飞力。在仅仅为相对的旋转运动方面，此项力不存在。”

也就是说，绝对运动的判断标准可由水面是否为旋转抛物面来决定。

## （三）

牛顿的时空观被绝大多数人接受，但也受到了一些哲学家和科学家的怀疑和批判。例如，莱布尼兹从哲学角度；马赫从科学角度给予了尖锐的批判。

马赫在《发展中的力学》一书中写道：

“如果我们说一个物体 $K$ 只能由另一物体 $K'$ 的作用而改变它的方向和速度，那么，当我们用以判断物体 $K$ 的运动的其他物体 $A$，$B$，$C$……都不存在的时候，我们就根本得不到这样的认识。因此，我们实际上只认识到物体同 $A$，$B$，$C$……的一种关系。如果我们现在突然想忽略 $A$，$B$，$C$……而要谈 $K$ 在绝对空间中的行为，那么我们就要犯双重错误。首先，在 $A$，$B$，$C$……不存在的情形下，我们就不能知道物体 $K$ 将怎样行动；其次，我们因此也就没有任何方法可以用以判断物体 $K$ 的行为，并用以验证我们的论断。这样的论断因而也就没有任何自然科学的意义。”

被牛顿认为具有判决性意义的水桶实验，马赫认为水面变化只不过证明了水桶与宇宙间其他物质之间有相对运动而已，而绝不能证明绝对空间的存在。特别应指出的是，马赫在对水桶实验进行分析的时候，他不仅把匀速运动看成是相对的，即没有一个相对于绝对空间的“绝对速度”，而且把加速度也看成是相对的，也就是说与不存在“绝对速度”一样，也不存在一个相对于绝对空间的“绝对加速度”。这一思想，对爱因斯坦发展狭义相对论、建立广义相对论起过重要的作用。

马赫对牛顿绝对时空和绝对运动的批判，是人类关于相对性认识的又一次重大进展。爱因斯坦曾公正地评价过马赫的功绩，他说：

“马赫曾以其历史性的批判著作，对我们这一代自然科学家产生了巨大的影响。”

到19世纪末，物理学家又一次因为绝对性的桎梏，陷入理论上矛盾的困境。这一矛盾就是光在真空中的传播速度不变，和力学的相对性原理的不相容。真空中光速不变是一条属于电动力学的原理，它被麦克斯韦方程组明确地证实，而相对性原理是经典力学的原理。经典力学认为所有的惯性都是平权的，力学定律在所有惯性系中都相同。但与经典力学相反，经典电动力学却要求并承认有一个特殊的以太绝对参照系，光速c正是相对这一个参照系而言。当时，几乎所有物理学家都没有认真对待这种不相容性。当迈克尔逊—莫雷作出否定性实验以后，大多数物理学家也没有认真对待这一困境，而把希望寄托在既保留以太绝对参照系，又能妥善解释迈克尔逊—莫雷实验的修修补补的工作上。只有爱因斯坦深刻地认识到这一困境，并以相对性思想作为犀利的武器，挣脱了绝对性的桎梏，找到了脱离困境的道路：否定以太绝对参照系，否定同时性的绝对性。

爱因斯坦正是立足于同时性的相对性，才将光速不变原理和相对性原理协调起来，建立了一个统一形式的新理论：狭义相对论。爱因斯坦在提出狭义相对论的第一篇论文中写道：

“诸如此类的例子，以及企图证实地球相对于‘光媒质’

运动的实验的失败，引起了这样一种猜想：绝对静止这一概念，不仅在力学中，而且在电动力学中也不符合现象的特性，倒是应当认为，凡是对力学方程适用的一切坐标系，对于上述电动力学和光学的定律也一样适用。……我们要把这个猜想（它的内容暂且就称之为‘相对性原理’）提升为公设。……‘光以太’的引用将被证明是多余的……不需要引进一个具有特殊性质的‘绝对静止的空间’。”

爱因斯坦对相对性原理有着深挚的信念，以致他将相对论的本质归结为相对性。1948 年，他为《美国人民百科全书》写一个关于相对论的条目时，他用的标题就是：“相对性：相对论的本质”。他还喜欢用相对性思想开一些辛辣的玩笑。1919 年，当星光在太阳附近发生弯曲的预言被英国科学家们证实的时候，爱因斯坦正好遭到德国反犹太运动方面人士的恶毒攻击。在同年11 月28 日为伦敦《泰晤士报》撰写相对论的通俗性解释时，他在文章末尾写道：

“你们报纸上关于我的生活和为人的某些报道，全然是出于作者的活泼的想象。为博得读者一笑，下面我举相对性原理的另一运用：今天我在德国被称为‘德国的学者’，而在英国被称为‘瑞士的犹太人’。若是我命中注定将被描绘成一个最可厌的家伙，那么事情就会反过来了：对德国人来说，我将变成‘瑞士的犹太人’，而对英国人来说，则变成‘德国的学者’。”

爱因斯坦有一次还开玩笑地用姑娘和火炉之间的关系来解

释相对论。他说：

“如果你在一个漂亮的姑娘旁坐一个小时，你只觉得坐了片刻；反之，你如果坐在一个热火炉上，片刻就像一个小时。这就是相对的意义，这当然是好懂的。如果有人存有怀疑，而又想试验一下的话，有谁不会宁愿做那个同姑娘坐在一起的人，而把火炉留给那个怀疑者呢？”

## （四）

爱因斯坦用“相对性”去解释时间、空间和运动，这一基本思想无疑在物理思想发展史上写下了光辉的一笔，这一功绩是谁也抹杀不了的。但爱因斯坦对相对性思想的过分偏爱，也给他造成了一定的困难。双生子佯谬即为一例。辩证哲学认为，“相对”和“绝对”是一对辩证范畴的关系，自然界不存在绝对的相对，在相对之中也存在着绝对。爱因斯坦在某些地方将相对性绝对化了。他曾经说：

“取定两个物体，例如太阳和地球，我们所观察到的运动也是相对的。既可以用关联于地球的坐标系，也可以用关联于太阳的坐标系来描述它。根据这个观点来看，哥白尼的伟大成就在于把坐标从地球转移到太阳上去。但是因为运动是相对的，任何参考系都可以用，似乎没有什么理由认为一个坐标系会比另外一个好些。……于是，在科学早期的托勒密和哥白尼的观点之间的激烈斗争，也就会变成毫无意义了。我们应用任何一个坐标系都一样。‘太阳静止，地球在运动’或‘太阳在运动，地球静止’这两句话，便只是对两个不同坐标系的两种不同习惯的说法而已。我们是否能够建立起一种在所有的坐标系中都有效的、名副其实的相对论物理学呢？或者说，能否建立只有相对运动而没有绝对运动的一种物理学呢？事实上，这是可能的！”

请注意，这儿有一个惊叹号“！”，这说明爱因斯坦对此坚信不疑。但这种完全否定各个实际、具体坐标系之间的差异，“建立只有相对运动，而没有绝对运动”的彻底相对化的观点，无论从理论和实验上都是站不住脚的。在相对性思想的运用上，无论是夸大绝对性的一面而忽视相对性的一面，或是夸大相对性的一面而忽视绝对性的一面，都会使物理学面临困境。爱因斯坦正是因为过分夸大了相对性的一面，所以才遇到“双生子佯谬”的困难。

正如前面从物理学角度解决这一佯谬中所说，飞船坐标系和地球坐标系并不是毫无区别的，即存在某种绝对性、不对称性。甲所在的地球，相对于整个宇宙没有做大的变速运动，而乙所乘的飞船，则相对于整个宇宙作了比地球大得多的变速运动，这两种情形显然是不对称、不等价的。按照现代宇宙学理论，一定物质系统的时—空的本质特性，乃是该系统一切子系统普遍共有的本质特征，对于各子系统来说，具有相对的独立性或绝对性。脱离具体的物质系统，纯粹抽象地强调相对性，是片面的。对于具体的物理过程来说，可以反映系统整体时—空本质特征的坐标系，毕竟反映各子系统时—空特征的坐标系要优越一些。现在，实验已经能够证明，相对于整个宇宙作更大变速运动的参照系，时钟将更慢一些。因而双生子佯谬，可以说从理论到实验都基本上被解决了。

下面我们将这方面所完成的实验作一简单介绍。多年以来，许多实验物理学家在实验方面做了大量工作，试图通过实践来解决“双生子佯谬”这一争论不休的问题。

1958 年，德国物理学家穆斯堡尔（Mossbauer R L，1929—　）利用核磁共振现象测定，当实验室的钟历时 1 秒时，原子内所经历的时间比 1 秒要慢 $10^{-14}$ 秒。这虽然是一个极为微小的量，但却为“双生子佯谬”中飞船参照时间减慢的可能性提供了证据。

1966 年，在西欧核子研究中心，物理学家又用 $\mu$ 子作过一次“双生子旅游实验”。他们使 $\mu$ 子绕圆轨道运动的速度达到 $v=0.996c$。结果确实证明，运动的 $\mu$ 子比相对静止的 $\mu$ 子显得“年轻”一些。

$\mu$ 子实验虽然是一个有力的证据，证明相对论的双生子佯谬可以认为被解决了，但这毕竟是一个间接的实验。人们可以认为 $\mu$ 子运动时内部发生了某种变化，从而延缓了它的衰变。因而，物理学家还需要进行直接观测运动时钟变慢的实验。

1971年，海弗尔（Hafele J C）和凯汀（Kearing R E）把4只铯原子钟放在高速飞机上，然后飞机在赤道附近分别向东和向西绕地球飞行一周返回原地。把飞机上钟的读数和放在地面上铯原子钟的读数相比较，结果也证明了飞行的钟比地面上的钟慢。

这样，双生子佯谬被彻底消除了。而且这一精确的实验也证明，运动的相对性本身也是相对的，坐标的等价性、对称性是有条件的。爱因斯坦想建立“只有相对运动而没有绝对运动的一种物理学”，看来是不大可能。

# 整个物理学界何以都会迷惘?

大约两年前，整个科学史上最令人惊奇的发现之一诞生了。……我指的是由杨振宁和李政道在哥伦比亚大学做出的发现。这是一项最美妙、最独具匠心的工作，而且结果是如此的令人惊奇，以至于人们会忘记思维是多么美妙。它使我们再次想起物理世界的某些基础。直觉、常识——它们简直倒立起来了。这一结果通常被称为宇称的不守恒性……

——斯诺 C P

一部物理学史，真的是充满了离奇的事件，如果去掉那些令人生畏的数学公式和一些读起来令人别扭的专业名词，其离奇曲折的程度，绝不亚于一部福尔摩斯探案集。如果就“破案”的难度和技巧而言，那比后者还不知强多少倍。就拿β衰变来说，由于β能谱的连续性，使物理学陷入危机。为了解救这一危机，泡利独出一格地提出中微子假说，成功地解释了连续谱，而且拯救了守恒定律。泡利的功劳不可谓不大。

到了1956年，又是这个β衰变出了问题，引出了所谓的“θ-τ之谜”，威胁着另一个守恒定律。泡利，这位在几十年前为拯救能量守恒定律立下卓越功勋的“福尔摩斯”，又要重抖当年雄风，继续拯救另一个守恒定律。哪知沧海桑田，这次他竟败在比他小将近30岁的两位中国出生的年轻物理学家手下。这不是有点玄乎吗？可这都是事实。自然界比柯兰道尔①更富有想象力。

## （一）

物理学家对守恒定律有一种特殊的偏爱，这是有着深刻的历史原因和现实意义的。从古希腊时候起，人们就试图从杂乱无章的自然界中找到某种符合审美原理的一些形式，即希望在自然界找到和谐、秩序。而且，从一种纯思辨的原因出发，人

① 福尔摩斯这位风靡全球的侦探形象的创造者。

们相信有理由希望自然界具有一种我们可以理解的秩序。令人惊奇的是，人们这种希望竟获得了极大的成功，守恒量和守恒定律的发现就是最突出的一个例子。

守恒量和守恒定律是物理学中非常重要的概念。有些量在一定的系统中，不论发生多么复杂的变化，都始终保持不变，如系统的总能量、总动量等。有了这种规律，自然界的变化就在其看来杂乱无章中呈现出一种简单、和谐、对称的关系，这不仅有着美学的价值，而且它能对物质运动的范围作出严格的限制，从而具有重要的方法论的意义。每一个读过高中物理的人，都有这种体会：有些题目如果用能量守恒定律来做，比用牛顿三大定律来做简单得多，几乎可以一下子就直接解出来，让人觉得十分舒服、痛快！在科学研究中也是如此。例如，在物理学史上，单纯从守恒定律出发，就曾作出过许多重大的发现，而且十分简便。例如中微子的发现，以及反粒子的预言，无一不雄辩地证实了这一事实。

守恒量的普遍性，引起了物理学家们的深思：在守恒量的背后，有没有更深刻的物理本质？19 世纪末，人们才终于认识到，一定物理量的守恒是和一定的对称性相联系的。杨振宁教授在 1957 年 12 月 11 日获诺贝尔奖所作的讲演中，曾详细谈到了这一关系。他说：

“一般来说，一个对称原理（或者，一个相应的不变性原理）产生一个守恒定律。……这些守恒定律的重要性虽然早已得到人们的充分了解，但它们同对称定律间的密切关系似乎直到 20 世纪才被清楚地认识到。……随着狭义相对论和广义相对论的出现，对称定律获得了新的重要性：它们与动力学定律之间有了更完整而且相互依存的关系，而在经典力学里，从逻辑上来说，对称定律仅仅是动力学定律的推论，动力学定律则仅仅偶然地具备一些对称性。并且在相对论里，对称定律的范畴也大大地丰富了。它包括了由日常经验看来绝不是显而易见的不变性，这些不变性的正确性是由复杂的实验推理出来或加以肯定的。我要强调，这样通过复杂实验发展起来的对称性，观念上既简单又美妙。对物理学家来说，这是一个巨大的鼓舞。……然而，直到量子力学发展起来以后，物理学的语汇中才开始大量使用对称观念。描述物理系统的状态的量子数常常就是表示这系统对称性的量。对称原理在量子力学中所起的作用如此之大，是无法过分强调的。……当人们仔细考虑这过程中的优雅而完美的数学推理，并把它同复杂而意义深远的物理结论加以对照时，一种对于对称定律的威力的敬佩之情便会油然而生。”

杨振宁教授的这段话言简意赅，但对尚未学习理论物理的人来说，似乎有点抽象，不太好懂。其实，我们学过的初、高中物理学中，有很多有关对称性方面的定律，只不过没有用“对称性”这样的深度来描述它罢了。例如，与能量守恒定律相联系的对称性，是时间平移的对称性，即物理规律在 $t$ 时刻成立，那在另一时刻 $t'$ 它也应该成立；与动量守恒定律相联系的对称性是空间平移对称性，即物理规律不因空间位置平移而改变，欧姆定律在武汉成立，在纽约也会成立，这就是“空间平移的对称性”。与角动量守恒相联系的是空间转动的对称性，即空间具有各向同性，物理规律不因空间转动而改变。

上面提到的都是经典力学中的对称性，是最简单的一些对称性，它们反映了时间和空间是均匀的、各向同性的。这些对称性都是对某种“连续变换”的不变性。经典力学还具有左右对称性，即在空间坐标反射变换下的不变性。牛顿定律就具有空间坐标反射不变性。例如，质量为 $m$ 的物体在外力 $F$ 的作用下，沿 $AB$ 作加速度为 $a$ 的匀加速直线运动，且 $a=F/m$；$a$，$F$，$AB$ 具有相同的方向。如果作空间反射［即用坐标（$-x$，$-y$，$-z$）代替坐标（$x$，$y$，$z$）］，运动轨迹为 $A'B'$，力 $F$ 为 $F'$，$F'$ 与 $A'B'$ 方向仍一致，牛顿定律为 $a=F'/m$，即质量为 $m$ 的物体的运动规律在空间反射下仍然不变。但这种左右对称性是一种分立变换下的对称性。经典力学虽然具有这种对称性，但却找不到相应的守恒量，因而不产生守恒定律。这样，左右对称性对于经典力学就不具有十分重要的实用意义。但是在量子力学中，分立变换下的对称性和连续变换下的对称一样，可以形成守恒定律，找到守恒量。这个守恒量被称为“宇称”（parity）。

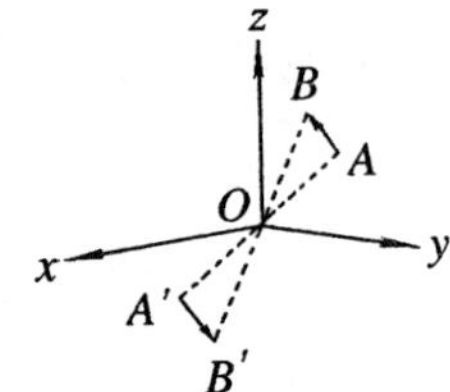

空间坐标反射

## （二）

宇称的概念最早是由维格纳引入的。1924 年，正在进行铁光谱研究的拉波特（Laporte O，1903—1971）发现，铁原子的能级分为两种，后来把它们分别称为“奇”、“偶”能级。如果只发射或吸收一个光子，则在这些能级跃迁中，能级总是由奇变偶，或由偶变奇。1927 年 5 月，维格纳用严密的推导，证明拉波特的经验规律是辐射过程中左右对称的结果。维格纳的分析、论证，正是借助于“宇称”和“宇称守恒”的观点。他将偶能级定义为正宇称，奇能级为负宇称。拉波特发现的规律正好反映了辐射过程中宇称守恒，即粒子（系统）的宇称在相互作用前、后不改变，作用前粒子系统宇称如果为正，则作用后亦为正。如果作用前、后宇称的正负发生了改变，则宇称不守恒。维格纳还指出，与宇称守恒相关联的对称性就是左右对称，或空间反射不变。

维格纳的基本思想很快被吸收到物理学语言中。由于在其他相互作用中，宇称守恒是毫无疑问的，于是这一思想就迅速被推广到原子核物理、介子物理和奇异粒子物理学中去。而且，这一推广应用颇具成效，于是物理学家们确信，宇称守恒定律有如能量、动量等守恒定律一样，是一条普遍有效的规律。从宏观现象得到的左右对称的规律，看来也完全适用于微观世界。

在科学史上，科学家经常采用扩大已发现规律的应用范围，向未知领域进行探索。1959 年诺贝尔物理学奖获得者之一赛格雷说过：

“一旦某一规则在许多情况下都能成立时，人们就喜欢把它扩大到一些未经证明的情况中去，甚至把它当作一项‘原理’。”

宇称守恒定律的遭遇也正是这样。在 1956 年以前，它一直被视为物理学中的金科玉律，谁也没有想到去怀疑它。但到 1956 年，物理学家们的这一信念发生了动摇。发生动摇的原因是出现了一种佯谬，即“$\theta$-$\tau$ 之谜”。

1947 年，鲍威尔（Powell C F，1903—1969）用乳胶记录法发现了 12 年前日本物理学家汤川秀树（Yukawa H，1907—1981）预言的介子。不久，罗彻斯特（Rochester G D，1908—2001）和巴特勒（Butler C C，1922—1999）从宇宙射线中发现了一种中性粒子衰变为两个 $\pi$ 介子的过程，这中性粒子后被称为 $\theta$ 粒子，其衰变过程为

$$\theta \rightarrow \pi + \pi$$

1949 年，布朗（Brown R）等人又发现一个新粒子，即 $\tau$ 粒子，它可以衰变为 3 个 $\pi$ 介子：

$$\tau \rightarrow \pi + \pi + \pi$$

由于 $\theta$，$\tau$ 粒子具有一些原先未曾预料到的性质，故被称

为“奇异粒子”（strange particle）。根据实验测得，这两个粒子的质量、平均寿命非常接近，但其衰变方式不同。这当然不是什么了不起的问题，人们早就知道同一粒子可以以不同方式衰变，正如人可以以不同的方式死去一样。问题在于这两个看来应该是同一种的粒子，却不遵守宇称守恒定律。1953 年，达里兹（Dalitz R H）和法布里（Fabri E）指出，按照 $\theta$ 和 $\tau$ 的衰变公式，可以确定 $\theta$ 的宇称为正（亦称偶），而 $\tau$ 的宇称为负（亦称奇）。到 1956 年初，实验资料均证实了达里兹和法布里的论证。由宇称守恒定律可知，同一个粒子不允许通过发射 2 个 $\pi$ 介子或 3 个 $\pi$ 介子两种方式进行衰变。于是，物理学家只能在两种选择中决定取舍：要么认为 $\tau$ 和 $\theta$ 粒子是不同的粒子，以挽救宇称守恒定律；要么承认 $\tau$ 和 $\theta$ 粒子是同一种粒子，而宇称守恒定律在这种衰变中失效。但是，左右对称这一原理毕竟具有那么悠久的历史，而且是那么明显、自然，以至于人们很难相信宇称会真的不守恒。所以，人们囿于传统的信念，开始根本不愿意放弃宇称守恒的观念，而是极力设法去寻找 $\tau$ 和 $\theta$ 粒子之间的某种不同，以证明它们是不同的粒子。但一切努力均劳而无功，$\tau$ 和 $\theta$ 粒子实在是无法区分。物理学家又一次陷入了迷惘和思索；同时，新的突破也在紧张的思索之中孕育着。这种情形正如杨振宁教授所说：

“那时候，物理学家发现他们所处的情况，就好像一个人在一间黑屋子里摸索出路一样，他知道在某个方向上必定有一个能使他脱离困境的门。然而这扇门究竟在哪个方向上呢?”

（三）

1956年9月，物理学家们听到了一个他们不愿意听到的建议，提建议的人却认为他提出的建议正是“脱离困境的门”。提这建议的人就是杨振宁教授。他在西雅图举行的一次国际理论会议上指出：

“然而，不应匆忙即下结论。这是因为在实验上各种K介子（即$\tau$和$\theta$）看来都具有相同的质量和相同的寿命，已知的质量值准确到2至10个电子质量，也就是说准确到1%，而寿命值则准确到20%。……这迫使人们怀疑……$\tau$和$\theta$不是同一粒子的结论是否站得住。附带地，我要加上一句：要不是由于质量和寿命的相同，上述结论肯定会被认为是站得住的，而且会被认为比物理学上许多其他结论更有依据。”

接着，于10月1日，杨振宁和李政道在美国《物理评论》上发表了一篇名为《弱相互作用中宇称守恒的问题》的文章。他们在文章中指出，虽然在所有强相互作用中，宇称守恒的证据是强有力的，但在弱相互作用中，以往的实验数据对于宇称是否守恒的问题，都不能给出回答。虽然以前在分析实验数据时都预先假定宇称是守恒的，但实际上根本没有必要，也就是说，以前的实验安排得使宇称守恒或不守恒都不影响结果，因而整个衰变过程中，所完成的实验既不足以肯定、也不足以否定宇称守恒定律。原来物理学家由于一厢情愿地认为在弱相互作用中宇称是守恒的，结果竟受到自然界的愚弄。他们两人认为，也许在弱相互作用中宇称根本就是不守恒的。而且他们还注意到，类似的情况不是唯一的，以前人们就知道至少有一个守恒定律（同位旋守恒）仅适用于强相互作用，而不适用于弱相互作用。他们在文章中明确指出：

“为了毫不含糊地肯定宇称在弱相互作用中是否守恒，就必须进行实验……并加以讨论。”

这儿我们需要简单介绍一下弱和强相互作用。物理学家通过对亚原子粒子 50 多年的研究，已掌握它们之间有 4 种不同的相互作用。现将其类型及强度列表如下：

| 类型 | 强度（数量级关系） |
| --- | --- |
| 强相互作用 | 1 |
| 电磁相互作用 | $10^{-2}$ |
| 弱相互作用 | $10^{-13}$ |
| 引力相互作用 | $10^{-38}$ |

关于电磁和引力相互作用人们比较熟悉，就不必再述。强相互作用是把核子结合在一起的力，以及核子和 π 介子之间的相互作用；弱相互作用的最典型的例子是原子核的 β 衰变，后来物理学家发现 π 介子衰变、中微子过程等都属于弱相互作用。

物理学家对弱相互作用的研究，从发现 β 射线算起到

1956 年已有半个多世纪，如果从费米提出 β 衰变理论算起，也有20 多年。但由于人们从未怀疑过左右对称性，所以虽然对弱相互作用（尤其是 β 衰变）做过大量实验，却没有一个实验能证明弱相互作用中宇称是否守恒。

杨振宁和李政道的文章发表后，科学界反应冷淡。当时在加利福尼亚理工学院任教的著名理论物理学家费曼（Feynman R H，1918—1988；1965 年获诺贝尔物理学奖）曾回忆说，他对宇称不守恒的看法是：

“我认为这种看法不一定能实现，但并非不可能，而且这个可能性还是惊人的。数日后，实验物理学家诺尔曼·拉姆齐（Ramsey N F）问我，是否值得让他为此做实验验证，以确定在 β 衰变中宇称守恒是否真的遭到破坏。我明确地回答，当然值得做。虽然当时我感到宇称守恒肯定不会遭到破坏，但又感到也许有遭到破坏的可能，所以，设法澄清这一点是十分紧要的事。他问我：你说宇称守恒不可能遭到违反，那你是否愿意以 100 美元对 1 美元跟我打赌？我回答说：不行，但打 50 美元的赌我倒情愿。他说：50 美元也行，这个赌可是打定了，我去做！不幸的是拉姆齐此后没时间去做这个实验。使我欣慰的是我这 50 美元算保住了。”

费曼对宇称守恒的态度在当时来说还是比较高明的，而其他绝大部分物理学家的认识水平还远不如费曼，他们根本无法相信宇称竟会不守恒。普林斯顿高等研究院的戴森（Dyson F

J，1923—　）教授曾在《物理学的新事物》一文中，生动地描述了当时大多数物理学家的“蒙昧无知”。他写道：

“给我寄来了一个副本（指李政道和杨振宁的论文），我看过了。我一共看了两遍。我说了‘这个问题很有趣’一类的话，或许不是这几个字，但意思差不多。可是，我没有想象力，我连下面的话都说不出来：‘上帝！如果这是真的话，那它就为物理学开辟了一个全新的分支。’我认为，当时除了很少数几个人外，其他物理学家也都和我一样，是毫无想象力的。”

戴森的话一点也不夸张。例如被公认为对物理的直觉异常敏锐而且在量子物理学发展过程中几乎是战无不胜的泡利（Pauli W，1900—1958），在1957年1月17日给韦斯科夫（Weisskopf V F，1908—2002）的信中写道：

“我不相信上帝是一个软弱的左撇子，我愿出大价和人打赌……我看不出有任何逻辑上的理由认为，镜像对称会与相互作用的强弱有关系。”

## （四）

信也好，不信也好，这是只有实验才能决定的是非。但是，没有多少实验物理学家作出积极的响应。正如戴森在上面提到的文章中所说：

“自然可以想象，在得知李、杨的模型后，所有的实验物理学家都会立即去做这个实验。要知道这里提出的正是盼望已久的、能揭示新的自然规律的实验。但是，实验物理学家们，除极少数人以外，仍然默默地继续从事原来的工作。只有在美国国家标准局工作的吴健雄和她的同事们有勇气花费半年的时间来准备这个有决定意义的实验。”

大多数实验物理学家对验证宇称守恒的实验所采取的态度是：这个实验太难，还是让别人去做吧！

吴健雄（1912—1997）于1934年毕业于南京的中央大学，获学士学位。1936年，从浙江大学物理系考入美国加州大学伯克利分校，先后当过劳伦斯（Lawrence E O，1901—1958）和赛格雷（Segre E，1905—1989）的研究生。由于她刚强坚定的性格、敏锐的物理思想和高超的实验技术，而受到许多杰出物理学家的高度评价。赛格雷在他的《从X射线到夸克》一书中写道：

“她的毅力和对工作的献身精神使人想起了玛丽·居里，但她更成熟、更漂亮、更机灵。她的大部分科学工作是从事β衰变的研究，并且在这方面作出了一些重要的发现。”

她还跟泡利工作过一段时间，泡利对她十分敬重，他曾说：

“吴健雄这位中国移民，对核物理这门科学的兴趣简直浓厚到了令人难以想象的程度。和她讨论核物理方面的问题，她会滔滔不绝，忘记了窗外早已是皓月当空。”

吴健雄需要约半年的时间为实验作各种准备。由于实验需要使温度接近 0.01 K，而她当时所在的工作单位哥伦比亚大学实验室里，还没有获得这种超低温的装置，只有美国国家标准局才有这样的装置和熟悉制冷技术的工作人员。幸好标准局相信吴健雄做这项实验是必要的，于是吴健雄与物理学家安伯勒(Ambler E)、海瓦尔特（Hayward R H)、霍普斯（Hoppos D D）和哈德逊（Hadson P）等人在标准局开始紧张的准备和预测工作。这时，全世界物理学家都焦急、紧张地等待他们实验的结果。大部分物理学家期望实验的结果将再次使泡利的“挽救”成功，他们甚至相信只可能出现泡利预言的结果，否则，已经相当完美、和谐的理论将又一次面临可怕的混乱。

1957 年 1 月 15 日，哥伦比亚大学举行了新闻发布会，著名物理学家拉比（Rabi I I，1898—1988）宣布吴健雄等人的实验明确无误地证实了在 β 衰变中宇称是不守恒的。第二天，《纽约时报》头版刊登了这一消息。

现在，人们很难想象当时物理学家在得知这一结果时的心情。他们感到极度地震惊。不少人还默默期望，在其他弱相互作用中宇称也许仍然是守恒的。但是，以后所有的实验都毫无例外地证明：在强相互作用中，宇称守恒定律是不可动摇的，但在弱相互作用中，这个定律不起作用。

1957 年 1 月 27 日，泡利又写了一封信给韦斯科夫，他在信中写道：

“现在第一次震惊已经过去了，我开始重新思考。……现在我应当怎么办呢？幸亏我只在口头上和信上和别人打赌，没有认真其事，更没有形成文字，否则我哪能输得起那么多钱呢！不过别人现在是有权来笑我了。使我感到惊讶的是，与其说上帝是个左撇子，还不如说他用力时，他的双手竟是对称的。总之，现在面临的是这样一个问题：为什么在强相互作用中左右是对称的？”

泡利的问题已经超越了本章 $\theta$-$\tau$ 佯谬的讨论范围。宇称既然在弱相互作用中已经肯定是不守恒的了，$\theta$-$\tau$ 佯谬当然也就消除了。在结束本章之前，有一个问题也许应该引起我们的深思。

中国文化与欧洲文化是相辅相成的，应当互相学习。在杨振宁、李政道的理论获得吴健雄实验证实以后，西方人对中国文化是否对他们 3 人起了某种特殊作用十分感兴趣。因为，这么一个重大的理论突破，从理论到实验恰好由 3 个中国年轻人完成，这大约不会是偶然的。美国一位杂志编辑小坎佩尔（Campell J，Jr.）推测，也许在西方和东方世界的文化遗产中有某种差异，促使中国物理学家去研究自然法则的对称性。《科学美国人》杂志的编辑伽德勒(Gardner M) 则更有意思，他以中国的阴阳符号为例，说明中国文化素来强调不对称性。下方右图就是伽德勒所说的阴阳符号，由图中可以清楚地看出，阴阳符号是一个非对称分割的圆，并涂成黑白（或黑红）两色，分别代表阴和阳。阴阳表示了自然界、社会以及人的一切对偶关系，如善恶、美丑、雌雄、左右、正负、天地、悲欢、奇偶、生死等等，无穷无尽。而且最奥妙的是每一侧都有另一侧的小圆点，这意思是说阴中有阳、阳中有阴；丑中有美、美中有丑；奇中有偶、偶中有奇；生中有死、死中有生……这种不对称性的思想传统也许早就使杨、李受到潜移默化，使他们比更重视对称性的西方科学家易于违反西方的科学传统。

中国的阴阳符号

无论以上具体分析有多大学术价值，但东方文化（尤其是中国文化）远从莱布尼兹（Leibniz G W，1646—1716）起，就受到西方杰出科学家的重视。英国科技史学家李约瑟（Needham J，1900—1995）说：

“17 世纪的欧洲大思想家中，以莱布尼兹对中国思想最为向往，许多文献里都载有他对中国的浓厚兴趣。”

到 20 世纪 70 年代以后，人们已经看到，科学的整体化时代正在到来，这时国内外开始惊讶地发现，在西方所谓系统、协同等新颖的观念、理论，在中国古代科学中竟然如此丰富，有的已形成了一定的理论体系，它们将会对现代科学中的综合起到巨大作用，可以帮助现代科学更有效地突破旧框架的束缚。1977 年诺贝尔化学奖获得者普里高津（Prigogine I，1917—2003）曾经说：

“我们正在向新的综合前进，向新的自然主义前进。这个新的自然主义将把西方传统连同它对实验的强调和定量的表述，同以自发的自组织世界的观点为中心的中国传统结合起来。”

他还说：“中国文化是欧洲科学灵感的源泉。”

普里高津的话显然值得深思。

# 天文、宇宙学家

# 勒威耶的辉煌与挫败

除了一支笔、一瓶墨水和一张纸外，再不凭任何别的武器，就预言了一个未知的极其遥远的星球，并能够对一个天 文观测家说，把你的望远镜在某个时间瞄准某个方向，你将会看到人们过去从不知道的一颗新行星，——这样的事情无论什么时候都是极其引人入胜的……

——洛奇 O

德国伟大的哲学家康德（Kant I，1724—1804）曾经说：

“天上有星光闪耀，地上有心灵跳动。”

这句充满睿智的哲人话语，曾使多少人感动、唏嘘不已啊！对天空的敬畏和严于律己地守护心灵，这是东西方都相通的。多少东西方智者仰望晴朗的夜空，遥望繁星闪烁时，都会思绪万千；于是，数不尽的表达心灵和思想的诗篇，留在人间了。

我国唐朝诗人杜甫在《天河》中写道：

含星动双阙，
伴月照边城。
牛女年年渡，
何曾风浪生。

法国诗人、第一位诺贝尔文学奖得主普吕多姆（Drudhomme S，1839—1907）在《银河》一诗中唱道：

有一夜，我对星星们说：
你们看起来并不幸福；
你们在无限黑暗中闪烁，
脉脉柔情里含着痛苦。
……
星星们，你们是人的先祖，
你们也是神的先祖，
为什么竟含着泪？

星星们回答道：我们孤独。

……

俄罗斯诗人莱蒙托夫在《星》中也深情地写道：

天上一颗星，星光正灿烂；
永远在闪烁，诱惑我的眼；
它已吸引住，我的梦与幻，
它从天空上，把我来呼唤！
那双多情目，同它也一般。

……

我想不仅是这些哲人、诗人会被星空吸引、感动，恐怕每一个人都经历过这种感动。但是，如果你知道了下面的故事，我相信你以后在仰视夜空中闪耀的群星时，会多一种感动，多一种“诱惑”。

## （一）

下面要讲的是法国天文学家勒威耶（Leverrier U J J，1811—1877）辉煌的成功和惨淡的失误，但在讲他的故事以前，我们还得讲一点我们太阳系行星的一点历史故事。

人类在几千年以前就知道，在地球附近有 5 颗行星，它们分别是水星、金星、火星、木星、土星，在土星以外是恒星。人类在几千年的历史中，想探索这些行星的存在有没有什么规律？在土星之外的更远处还有没有其他行星绕太阳旋转？……几千年过去了，什么也没有发现。但人类的好奇心是百折不挠的，到1766年，一位德国的数学教师提丢斯（Titius J D，1729—1796）可以说十分偶然地发现了一个十分有趣的规律。据说他在上课时讲到各大行星到太阳的平均距离时，学生们总是记不住这些数字，于是提丢斯想了一个有趣的办法，让学生一下子就记住了。他先在黑板上写下一个数列：

0，3，6，12，24，48，96，192，384……

把每一个数加4再除以10，就可以得到：

| 0.4 | 0.7 | 1.0 | 1.6 | 2.8 | 5.2 | 10.0 | 19.6 | 38.8… |
|---|---|---|---|---|---|---|---|---|
| 水星 | 金星 | 地球 | 火星 | ？ | 木星 | 土星 | ？ | ？… |

上面一行的数字是如果以太阳到地球的距离为1个天文单位的话，则0.4、0.7、1.6……恰好是水星、金星、火星……到太阳的平均距离。由这一有趣的规律，提丢斯发现火星与木星之间的2.8天文单位处缺少一颗行星，土星是当时知道的最远的一颗行星，它以外没有行星，当时并不感到奇怪。

当时提丢斯只把这个“规律”作为学生记忆的一个方法，并没有看得怎么重要。但6年之后，德国柏林天文台台长波德（Bode J E，1747—1826）知道以后，认为其中隐含着一个重要而有价值的规律，于是将它正式发表。因此，现在我们一般称它为“提丢斯—波得定则”。这个定则真有什么价值吗？人们对它褒贬不一。但到1781年发现了天王星以后，而且它到太阳的平均距离正好是19.2个天文单位，与提丢斯—波得定则预言的很相近，这一下这个定则的可信度大大提高。天王星发现的故事，颇值得一提，我们在下面作一简略介绍。

发现天王星的是英国天文学家赫歇尔（Herschel F W，1738—1822）。赫歇尔出生在德国汉诺威，他父亲是军队中的一名乐师，子承父业，赫歇尔后来也成了一名军乐师。1757年，赫歇尔19岁时，他脱离了军队，并偷渡到英国，在利兹等地以教音乐为生。由于他颇有音乐天才，因此，他的教学也十分受人们赞誉，收入相应十分可观，生活不再发愁。在这种情形下，潜藏着的强烈求知欲爆发了，他不仅努力地自学拉丁语、意大利语，还急切地阅读数学、光学书籍。在阅读光学书籍时，他看到了牛顿的传记，由此他产生了研究天上星体的强烈冲动。

没有望远镜，也买不起，这难不倒赫歇尔，他自己动手磨制望远镜所需的透镜。他是如此急迫地想尽快磨制出透镜，竟然忙得没空腾出双手吃饭，只好让他的妹妹卡罗琳喂他吃饭。幸亏他有一个同样热心天体研究的妹妹！后来他妹妹在84岁时成了英国皇家学会第一个破格接纳的女会员。他们兄妹俩的努力得到了丰厚的报答，他们制出了当时欧洲最好、最大的望远镜。开始他们只制出10英尺焦距的面镜，后来可以制出40英尺的！1774年，他们不仅已经制造出世界上最好的反射望远镜，而且第一次使反射望远镜的效能真正超过了当时的折射望远镜。他利用质地优良的望远镜，观察了月亮上的山脉、变星和太阳黑子，成为当时轰动一时的新闻。

为了弄清天上到底有多少颗星星，他把夜空分成638年“天区”，一个区一个区地数星星个数，然后记录下来。这需要多么坚强的意志和认真仔细的作风啊！

每当他们完成一个天区的记录，赫歇尔就会高兴地拉起小提琴，而美丽和婀娜多姿的卡罗琳就会舒袖曼舞，还边舞边怀着激情唱着：

秋夜的薄雾啊，
从天际飘过，
我登高仰望，
星光闪烁，
点燃了我心灵深处的盏盏灯火。
……

1781年的3月13日，这天夜晚，正在观察夜空的赫歇尔突然兴奋地大声叫喊起来：

“卡罗琳，快来，一个陌生的客人闯进了我的望远镜！”

卡罗琳连忙跑到哥哥身边，将眼睛贴到目镜上，果然，一颗过去从来没见过的星星，缓缓地在夜空行进，由于它发出的光很弱，如果不细心看是很容易忽略过去的。

“是的，”卡罗琳激动地边看边低声说，“哥哥，这是一颗新的行星，只是……”

“卡罗琳，幸运之神终于光顾我们了！这一定是我的勤劳和耐心，感动了上苍！是吧？”

“还有我的歌声，哥哥。”卡罗琳兴奋得浑身轻轻颤抖，“还有我的声音感动了天神，天空里也有天籁呀，不是吗？开普勒这么说过的。”

“是的，是的！还有你的歌声……”

于是，一颗新的行星在亚里士多德时代两千多年以后，被人们发现了！实际上，这颗光线微弱的星，可以勉强用肉眼看见，而且在赫歇尔以前许久就被人们看见过它许多次，甚至在英国天文学家弗拉姆斯提德（Flamsteed J，1646—1719）的望远镜时代的第一幅伟大图中都有记载，把它放在金牛座中，并记为金牛座 34 星；1764 年又有人在金星附近发现了它，但又误以为它是金星的卫星，只有赫歇尔的优良望远镜才首次确认它是一颗行星。

开始有人建议称这个行星为“赫歇尔星”，但后来天文学界一致同意称它为“天王星”(Uranus)。

天王星的发现引起了科学界巨大的轰动，一是因为原来以为太阳系到土星为止，而现在太阳系的范围一下子扩大了 1 倍，到达 28 亿千米远处；二是天文学家曾经认为在牛顿之后，不会再有什么新的发现，还有人甚至说科学发现已经全部完成。在这样的情况下，赫歇尔的发现犹如一阵春风，将新鲜空气吹进了科学界，为停滞多年的科学界带来了蓬勃生机。

1781年，赫歇尔被选为皇家学会会员，并荣获当时科学最高奖科普莱奖章。

（二）

天王星距太阳的平均距离是19.2天文单位，基本上符合提丢斯—波得定则。这一发现当然会激发天文学家的想象力：天王星以外的更远处还有行星吗？太阳系未必就终止在天王星？提丢斯—波德定则表上的38.8天文单位处还有另一颗行星吗？

这种猜想当然是合理的，而且后来果然发现天王星之外还有一颗星，它叫“海王星”。不过，海王星的发现可不是像赫歇尔发现天王星那样，先由望远镜发现再去研究。那海王星是如何发现的，请你看下面的故事……

天王星的发现本身倒并没有引起人们很大的震惊，令人们震惊的是天王星的轨道总是有些反常，与理论计算的结果不相符合，使天文学家们很伤脑筋。

当时牛顿定律的地位已经是不可动摇的了，除了极少数人认为牛顿的理论对天王星这颗太远的天体可能不适用以外，大部分天文学家认为，可能在天王星轨道外面更远的地方还有一颗行星，由于这颗未知行星的影响，才使得天王星的轨道老是发生异常。

这颗假想中未知的行星在哪儿呢？如果盲目地在茫茫的天空中去寻找，那无疑是大海捞针，找到猴年马月也未必有结果。唯一的办法是从理论上去推算这颗未知星的位置。但这又谈何容易！从一个已知行星的质量和运动以及另一个还是未知的行星对它运动的影响，来确定这个假设中的行星的质量和轨道，涉及的未知量很多，其中要解的一个方程组竟由 33 个方程式组成，其难度之大可见一斑。

1843 年，正在剑桥大学念书的学生亚当斯（Adams J C，1819—1892)对于这一艰巨任务十分感兴趣，决心利用牛顿的万有引力定律来找到这颗未知的行星。经过两年极其艰难的计算，他于 1845 年 9 月将计算的结果交给英国皇家天文台台长，请他们利用强大的天文望远镜在他所预言的某个位置上，寻找这颗未知的行星。遗憾的是，由于亚当斯当时还是一个不出名的年轻人，资历太浅，英国皇家天文台没有人重视他的建议。直到第二年，英国皇家天文台才决定对亚当斯的理论计算进行验证，可惜为时已晚。

亚当斯作出预言的前后不久，法国巴黎天文台台长阿拉果(Arago D F J，1786—1853）将寻找这颗未知行星的理论计算任务交给了比亚当斯大 8 岁的勒威耶（Leveerier U J J，1811—1877)。勒威耶比亚当斯迟了几乎整整一年才于 1846 年 8 月31 日完成了理论计算任务。9 月 18 日，他写信给柏林天文台助理员加勒说：

“请您把你们的望远镜指向黄径 326°处金瓶座黄道上的一点，您将在离开这一点大约 1°左右的区域内，发现一个圆面明显的新行星，它的亮度大约近于 9 等星……”

9 月 23 日，加勒收到了勒威耶的信，恰好加勒手边有一幅有助于寻觅这颗未知行星的新星图，当晚他就与他的助手雷斯根据勒威耶提供的数据，将他们的望远镜对准勒威耶预言的星区，不到半小时就在预定位置附近 51′的地方找到了这颗小行星。第二天晚上继续观测，发现它的运动速度也与勒威耶根据牛顿引力理论所作的预言完全符合。这一成功是万有引力定律的又一次辉煌胜利！

恩格斯曾高度评价了这一发现，在《路德维希·费尔巴哈和德国古典哲学的终结》一文中他写道：

“哥白尼的太阳系学说有 300 年之久一直是一种假说，这个假说尽管有 99%，99.9%，99.99%的可靠性，但毕竟是一种假说；而当勒威耶从这个太阳系学说所提供的数据，不仅推算出一定还存在一个尚未知道的行星，而且还推算出这个行星在太空中的位置的时候，当后来加勒确实发现了这个行星的时候，哥白尼的学说就被证实了。”

海王星发现以后，为了发现的优先权发生了激烈的争论，而且又是英国和法国。特别是巴黎天文台台长阿拉果，他的激烈程度真让人大吃一惊。他不但认为海王星的发现应该完全归功于勒威耶，亚当斯没有一点份，而且他还竭力主张把这颗新的行星命名为“勒威耶星”。

当英、法两国科学界争得不亦乐乎时，两位科学家亚当斯和勒威耶却十分明智地没介入这场争论，他们共同切磋学问，反而成了很要好的朋友。

美国法学家霍姆斯（Holmes O W，1841—1953）说得好：

名望是头戴灿烂金冠，
　但却没有香味的葵花；
友谊则是花瓣，
　片片飘溢着醉人芬芳的玫瑰。

（三）

海王星发现以后，人们又发现新发现的海王星也出现了异常现象。由于有上次寻找海王星的经验，所以人们断定在海王星外更远处，一定还有一颗更不容易被人们察觉的星体。这颗星后来果然也被找到了，那就是冥王星。

看来，万有引力理论是一种战无不胜的理论了。可惜在水星的进动问题上，万有引力理论出了一点小问题，勒威耶也遭受到了挫折。

水星是太阳系的行星中距太阳最近的一颗行星。按照牛顿的万有引力理论，水星在万有引力作用下，其运动轨道应该是一个封闭的椭圆形。但实际上水星的轨道却并非严格的椭圆，而是每转一周它的长轴就会略微有一点转动，长轴的这种转动就称为“水星的进动”。

根据万有引力理论的计算，进动的总效果应该是每百年1°32′37″。但勒威耶在1854年通过观测发现，其总效果是每百年1°33′20″。也许有人认为，每百年仅仅只相差43″，用不着吹毛求疵。的确，这是一个很小的偏差量，但对于科学的问题这已经是一个不能容许的误差了。所以这个误差成为当时天文学家们议论的主题。

1859年，根据以往发现海王星的成功经验，勒威耶又如法炮制，将这一误差归因于在离太阳更近的地方还存在一颗很小的未知行星，正是由于它的作用才引起了水星的异常进动。他还预言，这颗星将随太阳一起升落，所以只能在日全食时观测到，或者当它在太阳面前通过时才能被观测到，并认为由于这颗未知星距太阳太近，表面温度一定很高，所以还给这颗假设中存在的行星取了一个很气派的名字：“火神星”。不过一般人把它称为“水内行星”，也就是说位于水星轨道内部、距太阳更近的一颗行星。

正好在这一年，一位法国业余天文学家观测到太阳表面上有一个黑点，于是很多学者都认为这个黑点就是火神星，是火神星“凌日”。勒威耶十分兴奋，以为自己又将再一次立下赫赫功勋，而且这次可千真万确是他一个人的功劳。他还作了许多计算，预言了这颗火神星的轨道。因为这颗星离太阳太近，无法直接观测，只有通过凌日才能观测到，所以勒威耶为了便于今后大家进一步观测这颗行星，他还预告了以后几次凌日的具体时间。

由于当时勒威耶的威望已经很高，而且从1854年起，又被任命为巴黎天文台台长，所以大家都十分相信他的预言，很多天文学家以及他本人都投入了寻觅火神星的工作中。但在几十年里，却毫无所获，在他预言的地方没有看到任何新的行星。最后，大家只得承认并不存在这颗行星。勒威耶的这次预言恐怕不灵了。

但是，每百年43″的误差，仍然是一个未知之谜，它对于牛顿力学来说，是一个严重的挑战。

问题亟待解决，可出路何在?

直到1915年，爱因斯坦建立了广义相对论之后，水星进动异常的问题才获得了圆满的解决，原来这是相对论效应引起的。勒威耶失败的预言，到此才最终拉下了帷幕，火神星的故事大约也该结束了……

可是到了20世纪的70年代，本来已经盖棺定论的火神星问题，却又一次引起了人们关注。1970年3月和1973年6月，在墨西哥和非洲发生日全食时，有人报道说发现了这颗位于水星内的行星。是真是假，目前还不知分晓。但不论怎么说，我们相信其结果必将进一步推动科学的进步，而不会是倒退。

# 爱丁顿让钱德拉塞卡欲哭无泪

用权威作论证是不能算数的，权威做的错事多得很。

——卡尔·萨根

1935 年 1 月 11 日下午，在英国伦敦皇家天文学会会议上，年轻的印度天文学家钱德拉塞卡（Chandrasekhar S，1910—1995）当众宣读了自己在研究中的新发现："相对论性简并" 理论。这项理论将会导致关于恒星演化的一个惊人而有趣的结论。25 岁的钱德拉塞卡自信他已经作出了一项惊人的重要发现。

可是，他万万没有料到他发言之后，他一贯敬重的爱丁顿（Eddington A S，1882—1944）立即在会上嘲弄地宣称：

"我不知道我是否会活着离开这个会场，但我的论文所表述的观点是，没有相对论性简并这类东西。"

爱丁顿当时不仅在天文学界是功绩显赫的领袖人物，而且在相对论方面也是知名的权威；但 25 岁的钱德拉塞卡却只是刚刚获得博士头衔的无名之辈。在这一场势力极悬殊的 "论战"（实际上几乎没有真正 "战" 过）中，"真理" 的天平完全倾斜在爱丁顿一边，钱德拉塞卡几乎是落荒而逃。

但天文学后来的发展却明白无误地证实，钱德拉塞卡是正确的，爱丁顿错了。而且，由于爱丁顿的错误，加上他的权威性影响，天文学在恒星演化方面的研究至少被耽误了 20 到 30 年！

回忆这段历史，想必很有意义。

## （一）

争论的起因是关于白矮星的看法，所以我们先简单介绍一下白矮星。

20 世纪 20 年代，美国天文学家亚当斯（Adans W S, 1876—1956）利用分光镜研究双星天狼星中的天狼星 B 时，发现这是一颗十分奇特的恒星。它的奇特之处是亮度低（远不如天狼星 A 那么亮，只有后者亮度的 $10^{-4}$），但表面温度却很高，大约在 8 000℃左右（太阳表面温度只有 6 000℃），与天狼星 A 的表面温度相差不多（天狼星 A 为 10 000℃左右）。温度高而亮度低，这说明天狼星 B 的表面积要比天狼星 A 小得多，据计算只能是天狼星 A 表面积的 $\frac{1}{2\ 800}$ 左右。这样，天狼星 B 的体积很小，与地球相仿；但是，它的质量却大得惊人，与太阳相仿。所以天狼星 B 的密度也高得惊人，大约是 $10^6$ 克/厘米$^3$，大大高于人们熟悉的物质的密度。这个密度高于地心物质几万倍！

亚当斯的发现说明天狼星 B 属于一类全新的恒星，它与普通恒星相比简直像一个侏儒，正根据这一特点，天文学家把这种恒星称为“白矮星”（white dwarfs）。dwarfs 的意思就是“侏儒”、“矮子”。没过多久，人们又陆续发现了许多其他的白矮星。

在亚当斯发现白矮星前 4 年，卢瑟福已经证明，原子的大部分质量集中在极小的原子核里。核外广大的空间被在一定轨道上高速转动的电子占据。白矮星的超高密度，似乎只能想象为原子被压“碎”了，即原子核外沿轨道运动的电子被压得不再沿原来的轨道高速转动，也不再占据核外广大空间，而被压得紧靠着核，好像成了一种自由运动的电子。但科学家们一时接受不了这种设想，因而大部分天文学家对白矮星的存在持怀疑态度。

爱丁顿根据白矮星的特点，算出天狼星 B 的表面引力应该是太阳的 840 倍，是地球的 23 500 倍。如果真是如此，则根据爱因斯坦的广义相对论，天狼星 B 发出的光线，其“爱因斯坦红移现象”就会比太阳光的红移大得多，因而也就明显得多。为此，爱丁顿建议亚当斯对天狼星 B 的红移现象做一次测试。1925 年，亚当斯进行了测试，结果他测定的红移与爱丁顿预计完全相符。从此以后，人们不再怀疑白矮星的存在了。

但是，形成白矮星的物理机制仍然是一个谜。这个谜使当时的天文学家和天文物理学家，包括爱丁顿在内的许多人，都百思不得其解。正在这时，与天文学似乎毫不相关的量子力学的一项新的成果，却为天文学家们提供了一个满意的解释。

1926 年，费米和狄拉克在利用量子力学的方法研究“电子气”时证明：在高密度和（或）低温条件下，电子气的行为将背离经典定律，而遵守他们两人重新表述的量子统计规律（即费米—狄拉克统计规律）。在新的量子统计规律里，压强—密度关系与温度无关，压强值仅为密度的函数，即使在绝对零度，压强仍然有一定的值。量子统计规律刚一公布，英国理论物理学家福勒（Fowler R H，1889—1944）立即将这一理论应用于白矮星这种特殊的物质状态。白矮星内部电子壳式结构被高压破坏，电子离开了正常情形下的运动轨道，被“压”到一块儿，成了所谓“自由”的电子，而原子核则成了“裸露”的核，这种状态称为“简并”（degeneracy）态。福勒证明，高密度白矮星中电子气的“简并压力”非常大，大得足以抵抗引力的收缩压力；并且还证明，在白矮星那样的压力和密度条件下，物质的能量确实比地球上普通物质的能量高得多。福勒还证明，任何质量的恒星到它们的晚年时，都将以白矮星告终。1926 年 12 月 10 日，福勒在英国皇家学会公布了他的发现。

福勒的这一发现，是当时刚诞生的量子力学的一个合理的外推，它的结论使爱丁顿十分满意。爱丁顿和许多天文学家认为，与白矮星有关的问题完全解决了，人们再不必为它担心了。

有趣的是，科学史上有无数事例说明，每当科学家认为某一个重大发现已经被“万无一失”的理论解释得令人惊奇的满意时，巨大的危机就会爆发。这次也不例外。正当人们沉浸在无比兴奋之中时，印度一位到英国求学的年轻人钱德拉塞卡却有了不同的看法。

1928 年，德国理论物理学家索末菲（Sommerfeld A，1868—1951）访问印度，这时正在马德拉斯大学读书的钱德拉塞卡听了索末菲的讲演后，才知道什么是费米—狄拉克统计。由于福勒的论文中有该统计的应用，于是他仔细阅读了福勒的文章。虽然当时钱德拉塞卡的各方面知识很欠缺，但他已经拥有的知识却足以使他对福勒的结论产生疑问。于是他决心继续钻研这个爱丁顿认为“已经完全解决了的问题”。

经过几年的研究，他有了比较明确的新观点。星体到晚期由于引力超过星体内部核反应产生的辐射压力，星体被压缩而变小，星体物质处于简并态；由于这时物质粒子相距愈来愈近，因而根据“泡利不相容原理”，粒子间将产生一种排斥力与引力相抗衡，在一定的条件下，它们处于平衡状况，于是形成白矮星。但钱德拉塞卡的研究发现，当考虑到相对论效应时，由于星体中不同物质粒子的速度差不能大于光速，所以当星体由于收缩而变得足够密时，不相容原理造成的排斥力不一定能抗衡引力。这儿有一个临界质量 $1.44M_{\odot}$（$M_{\odot}$代表太阳质量。开始时，钱德拉塞卡计算的临界质量是 $0.91M_{\odot}$），如果星体质量超过这个临界质量，星体的引力将大于排斥力，恒星将在成为白矮星之后继续收缩……并不一定像福勒设想的那样，所有恒星的晚期均以白矮星告终。

## （二）

1930 年，钱德拉塞卡带着两篇论文来到了英国剑桥大学。一篇论述的是非相对论性的简并结构，另一篇则论述了相对论简并机制和临界质量的出现。福勒看了这两篇文章，对第一篇他没有什么意见，赞同钱德拉塞卡已取得进展；然而第二篇所说的相对论简并以及由此而生的临界质量，福勒持怀疑态度。福勒把第二篇论文给著名天体物理学家米尔恩（Milne E A，1896—1950）看，征求他的意见。米尔恩同福勒一样，也持怀疑态度。

虽然两位教授对钱德拉塞卡的结论持强烈怀疑态度，但钱德拉塞卡通过与他们的讨论和争辩，愈加相信临界质量是狭义相对论和量子统计结合的必然产物。1932 年，钱德拉塞卡在《天文物理学杂志》上发表了一篇论文，公开宣布了自己的观点。

1933 年，钱德拉塞卡在剑桥大学三一学院获得了哲学博士学位，并被推举为三一学院的研究员。几年来，他与米尔恩已经建立了密切的工作联系和深厚的友谊，他也逐渐熟悉了爱丁顿。爱丁顿经常到三一学院来，与钱德拉塞卡一起吃饭，一起讨论问题，爱丁顿几乎了解钱德拉塞卡每天在干什么。

到 1934 年底，钱德拉塞卡关于白矮星的研究终于胜利完成。他相信他的研究一定具有重大意义，是恒星演化理论中的一个重大突破。他把他的研究成果写成两篇论文，交给了英国皇家天文学会。皇家天文学会作出决定，邀请他在 1935 年 1 月的会议上，简单说明自己的研究成果。

会议定于 1935 年 1 月 11 日星期五举行，钱德拉塞卡踌躇满志，自信在星期五下午的发言中，他宣布的重要发现将一鸣惊人。但在星期四晚上发生了一件事，使钱德拉塞卡感到疑惑和不安。那天傍晚，会议助理秘书威廉斯小姐把星期五会议的程序单给他时，他惊讶地发现在他发言之后，爱丁顿接着发言，题目是“相对论性简并”！钱德拉塞卡曾多次与爱丁顿讨论过相对论性简并，并且将他所知道的公式、数字都告诉了爱丁顿，而爱丁顿从来没有提到过他自己在这一领域里的任何研究，明天他竟然也要讲相对论性简并！钱德拉塞卡觉得，“这似乎是一种难以置信的不忠诚行为”。

晚餐时，钱德拉塞卡在餐厅里碰见了爱丁顿，钱德拉塞卡以为爱丁顿会对他作出某些解释，但是爱丁顿没有任何解释，也没有提出任何道歉。他只是十分关心地对钱德拉塞卡说：

“你的文章很长，所以我已要求会议秘书斯马特作出安排，让你讲半个小时，而不是通常规定的 15 分钟。”

钱德拉塞卡很想趁机问一下，爱丁顿在他自己的论文中写了些什么，但出于对他的高度尊敬，他不敢问，只是回答说：“太感谢您了。”

第二天会议前，钱德拉塞卡和天文学家麦克雷（McCrea W H）正在会议厅前厅喝茶，爱丁顿从他们身边走过。麦克雷问爱丁顿：

“爱丁顿教授，请问相对论性简并指的是什么？”

爱丁顿没有回答麦克雷的问题，却转身向钱德拉塞卡微笑说：

“我要使你大吃一惊呢。”

可以想见，钱德拉塞卡听了这句话后，除了感到纳闷以外，大约多少会有些不安。

下午会议上，钱德拉塞卡简短介绍了自己的研究：一颗恒星在烧完了它所有的核燃料之后，将会发生什么情形？如果不考虑相对论性简并，恒星最终都塌缩为白矮星。这正是当前流行的理论。但是，当人们考虑到相对论性简并的时候，任何一颗质量大于 $1.44M_{\odot}$ 的恒星在塌缩时，由于巨大的引力超过恒星物质在压缩时产生的简并压力，这颗恒星将经过白矮星阶段继续塌缩，它的直径越变越小，物质密度也越来越大，直到……

“啊，那可是一个很有趣的问题。”他明确地宣称，“一颗大质量的恒星不会停留在白矮星阶段，人们应该推测其他的可能性。”

米尔恩对钱德拉塞卡的发言作了一个简短的评论后，大会主席请爱丁顿讲“相对论性简并”，爱丁顿开始发言了。钱德拉塞卡怀着异常紧张的心情，等待着这位权威的裁定。

“钱德拉塞卡博士已经提到了简并。通常认为有两种简并：普通的和相对论性的。……我不知道我是否会活着离开这个会场，但我的论文所表述的观点是，没有相对论性简并这类东西。”

钱德拉塞卡惊呆了！怎么爱丁顿从来没有同他讨论过这一

点呢?!在那么多的相互讨论中，爱丁顿至少应该表白一下他的观点才对呀！据说，爱丁顿当时不仅说了让钱德拉塞卡惊呆了的那句话，而且他还当场把钱德拉塞卡的论文撕成两半。这对于钱德拉塞卡不啻为迎头一棒。但是，爱丁顿并没有办法驳倒钱德拉塞卡的逻辑和计算，他只是声称，钱德拉塞卡的结果过于稀奇、古怪和荒诞。钱德拉塞卡认为，超过临界质量的恒星“必然继续地辐射和收缩，直到它缩小到只有几千米的半径。那时引力将大得任何辐射也逃不出去，于是这颗恒星才终于平静下来”。爱丁顿认为这个结论简直荒谬透顶。

钱德拉塞卡说的这种最终结论，实际上就是现在已被广泛承认的黑洞（black hole)，这个名称是 30 多年后于 1969 年由美国科学家惠勒（Wheeler J，1911—2008）正式定下的。但 1935 年 1 月 11 日的那天下午，爱丁顿断然宣布它是绝不可能存在的。他的理由是：“一定有一条自然规律阻止恒星作出如此荒谬愚蠢的行为!”

一场争论，就这样以迅雷不及掩耳之势爆发了。

## （三）

1935 年 1 月 11 日的下午，对于钱德拉塞卡来说，真是一个惨淡得可怕的下午。他曾经心疼地回忆过那天下午会议结束后的惨况，他写道：

“在会议结束后，每个人走到我面前说‘太糟糕了！钱德拉塞卡，太糟糕了！’我来参加会议时，本以为我将宣布一个十分重要的发现，结果呢，爱丁顿使我出够了洋相。我心里乱极了。我甚至不知道我是否还要继续我的研究。那天深夜大约一点钟左右我才回到剑桥，我记得我走进了教员休息室，那是人们经常聚会的场所。那时当然空无一人，但炉火仍然在燃烧。我记得我站在炉火前，不断地自言自语地说，世界就是这样结束的，不是‘砰’的一声巨响，而是一声呜咽。”

第二天上午，钱德拉塞卡见到了福勒，把会议上发生的事情告诉了他。福勒说了一些安慰的话，其他一些同事也私下安慰钱德拉塞卡。钱德拉塞卡不喜欢这些“关怀”，因为从大家说话的语气中，他听出人们似乎都已经肯定爱丁顿是对的，而他肯定是错了。这种语气让钱德拉塞卡受不了，因为他相信自己肯定是对的。爱丁顿反对他的结论，却提不出任何充足的理由，爱丁顿唯一的理由就是他不相信大自然会“作出如此荒谬愚蠢的行为”。但这种“理由”在钱德拉塞卡看来未免有些滑稽可笑。

爱丁顿没有停止对钱德拉塞卡的“错误”的批评。1935年在巴黎召开的国际天文学会会议期间，爱丁顿再次在讲话中批评钱德拉塞卡的研究结果，说那简直是异端邪说，而所谓“临界质量”在爱丁顿看来简直是愚蠢可笑之极。钱德拉塞卡出席了这次会议，但会议主席没有让他对批评作出回答。钱德拉塞卡感到自己受到了不公正的待遇。他本能地认为大家之所以赞同爱丁顿的意见，是因为他是权威，名气很大；而之所以反对他的结论，只不过因为他是一个年轻的无名小卒。这公正吗？钱德拉塞卡的想法是合乎事实的，这可以从麦克雷在1979年11月写的一封信中看得十分清楚。麦克雷在信中写道：

“我记得在一次皇家天文学会的会议上，爱丁顿发表了讲话，使我大吃一惊的是这是一种不能应战的争论。……当我聆听了爱丁顿的讲话以后，我不可能考虑他所说的所有含义，但是我的直觉告诉我，他可能是对的。”

麦克雷接着以勇敢的精神解剖了自己：

“使我感到羞愧的是我没有试图去澄清爱丁顿引起的争论。假如是其他人而不是爱丁顿引起这样的争论，我想我会去澄清的，从表面上看，大家都满意爱丁顿的发言，既然大家都满意，坦白地讲，我也情愿事态如此发展，更何况我不是研究恒星结构的。然而，我承认我知道一些狭义相对论，我本应该从这方面深入研究一下爱丁顿提出的问题。”

钱德拉塞卡知道，他和爱丁顿争论的是一个物理学问题，只在天文学圈子里争，是争不出一个子丑寅卯来的。他决定求助于玻尔、泡利这些物理学大师和量子力学的开拓者们。1935年，大约是1月下旬，钱德拉塞卡写了封信给他的好友罗森菲尔德（Rosenfeld L，1904—1974）。罗森菲尔德那时正在哥本哈根工作，当玻尔的助手。钱德拉塞卡在信中将他和爱丁顿争论的焦点作了详细的介绍后，接着写道：

“如果像玻尔这样的人能作一个权威性的声明，那么，对这个争论的解决将有很大的价值。”

可惜的是玻尔当时正在忙于研究原子核以及与爱因斯坦争论量子力学的完备性问题，根本没有精力专心地研究一个新课题，所以无法满足钱德拉塞卡的愿望。但罗森菲尔德在几次通信中，将他与玻尔几次初步的讨论结果告诉了钱德拉塞卡。他们认为爱丁顿的意见没有什么价值，并且高度评价了钱德拉塞卡的观点。罗森菲尔德在一封信里写道：

“在我看来，你的新工作非常重要。我认为除了爱丁顿以外，每个人都会承认它建立在完善的基础上。”

罗森菲尔德还建议钱德拉塞卡把争论的焦点告诉泡利，请这位被誉为“物理学的良知”的大师进行仲裁。钱德拉塞卡觉得这个主意不错，就把他的相对论性简并的推导以及爱丁顿的论文等有关资料，寄给了泡利，泡利给了令人鼓舞的回答。他认为，把他的不相容原理应用于相对论系统时，没有任何可以犹豫的；他认为爱丁顿的主要错误是在把不相容原理应用于相对论性的情形时，过分地依赖天体物理计算的结果。不幸的是，泡利的主要兴趣不在天体物理学，因此他不愿意卷入这场争论。

由于玻尔、泡利等物理大师不愿介入，结果正如钱德拉塞卡预料中的一样，混乱一直在天文学中蔓延，而且持续了20

年！钱德拉塞卡想从玻尔等人那里得到权威性评述，他的原意并非想让人们相信他的理论的正确性（对此他几乎没有怀疑过），而是想尽快消除天文学中的混乱。

由于物理学家们无心介入，钱德拉塞卡的处境变得十分不利，他几乎失去了在英国寻找一个职位的任何机会，人们对爱丁顿的嘲笑记忆极深。没有办法，他只得于 1937 年来到美国，很幸运的是他在芝加哥大学找到了一个教职。与此同时，钱德拉塞卡决定暂时放弃恒星演化的研究，但他坚信他的理论总有出头露面的一天。于是他把他的整个理论推导、计算、公式等，统统写进了一本书中，这本书的书名是《恒星结构研究导论》。

写完了这本书以后，他改弦更张，开始研究星体在星系中的概率分布，后来又转而研究天空为什么是蓝颜色的。有趣的是，钱德拉塞卡后来似乎十分满意这种不断转换研究领域的做法，以至他后来又全面地研究了磁场中热流体的行为、旋转物体的稳定性、广义相对论，最后他又从一种全然不同的角度回到了黑洞理论。1983 年，他终于因为“对恒星结构和演化过程的研究，特别是因为对白矮星的结构和变化的精确预言”，获得了诺贝尔物理学奖。但这已是他最初提出这种理论后的 48 年了！

## （四）

美国作家欧文·斯通说得好：

“人生的命运是多么难以捉摸啊！它可以被几小时内发生的事而毁灭，也可以由几小时内发生的事而得到拯救。”

我们的确可以从历史上找到许许多多欧文·斯通所说的被“毁灭”或被“拯救”的例子。有时候这种毁灭和拯救完全取决于命运，人几乎没有机会去改变它；但在更多的情形下，命运却可以取决于经事人本身。法国著名作家蒙田曾意味隽永地说过：

“命运对于我们并无所谓利害，它只供给我们利害的原料和种子，任那比它更强的灵魂随意变转和利用，因为灵魂才是自己的幸与不幸的唯一主宰。”

钱德拉塞卡后来的经历，可以说是蒙田说法的一个佐证。1935 年 1 月 11 日那天下午突然落到钱德拉塞卡头上的严重打击，有可能毁掉一个人的一生；但对于具有“更强的灵魂”的钱德拉塞卡，这一严重的打击却给了他一个千载难逢的机会，使他悟出了一个深刻的道理。一个什么样的深刻道理呢？且看他 1975 年（距 1935 年整整 40 年!）一次演讲中提出的一个令人深思的问题。

1975 年 4 月 22 日在芝加哥大学一次演讲中，钱德拉塞卡作了题为“莎士比亚、牛顿和贝多芬：创造性的模式”的演讲，在演讲中他提出了一个十分奇特的现象：文学家和艺术家，如莎士比亚和贝多芬，他们的创作生涯不仅一直延续到晚期，而且到了晚年他们的创作升华得更高、更纯，他们的创造性也在晚年得到了更动人的发挥；但科学家则不同，科学家到了 50 岁以后（甚至更早），就基本上不再会有什么创造性了。

1817 年，贝多芬 47 岁，在此前他有好久没有写什么曲子了，这时他却对人说：

“现在我知道怎么作曲了。”

钱德拉塞卡对此评论说：“我相信没有一个科学家在年过 40 岁时会说：‘现在我知道怎样做研究了。’”

英国著名数学家哈代（Hardy G H，1877—1947）曾经说：

“我不知道有哪个数学奇迹是由 50 岁开外的人创造的……一个数学家到 60 岁时可能仍然很有能力，但希望他有创造性的思想则是徒劳的。”

他还说过：“一个数学家到 30 岁已经有点老了。”

英国著名生物学家赫胥黎（Huxley T H，1825—1895）也讲过，“科学家过了 60 岁，益少害多”。有意思的是，当英国物理学家瑞利（Rayleigh J M，1842—1919）67 岁时，他的儿子问他对赫胥黎的话有什么看法时，瑞利回答：

“如果他对年轻人的成就指手画脚，那可能是这样；但如果他一心一意做他能做的事，那就不一定益少害多。”

钱德拉塞卡还举了一个惊人的例子——爱因斯坦。他指出，爱因斯坦是公认的 20 世纪最伟大的物理学家之一，1916 年他发表了举世震惊的广义相对论，那时他 37 岁。到 20 世纪

20 年代初，爱因斯坦还做了一些十分重要的工作。但从那个时期往后，“他就裹足不前，孤立于科学进步潮流之外，成为一位量子力学的批评者，并且实际上没有再给科学增添什么东西。在爱因斯坦 40 岁以后，没有任何迹象表明他的洞察力比以前更高了”。

科学家为什么不能像伟大的文学家、艺术家那样不断地具有创新精神呢？这正是钱德拉塞卡感到有兴趣的地方。钱德拉塞卡通过自己奇特的经历，找到一个答案，那就是：

“由于没有更恰当的词，我只能说这似乎是人们对大自然产生某种傲慢的态度。这些人有过伟大的洞见，作出过伟大的发现，但他们此后就以为他们的成就，足以说明他们看待科学的特殊方法必然是最正确的。但是科学并不承认这种看法，大自然一次又一次地表明，构成大自然基础的各种真理超越了最强有力的科学家。”

钱德拉塞卡举出了爱丁顿和爱因斯坦的例子；

“以爱丁顿为例，他是一位科学伟人，但他却认为，必然有一条自然定律阻止一个恒星变为一个黑洞。他为什么会这么说呢？无非是他不喜欢黑洞的想法。但他有什么理由认为自然规律应该是怎样的呢？同样，人们都十分熟悉爱因斯坦的那句不赞成量子力学的话：‘上帝是不会掷骰子的。’他怎么知道上帝喜欢做什么呢？”

钱德拉塞卡的话是极有启发性的。真正伟大的发现固然是由一些有“傲慢”精神的人作出的，他们正是敢于对大自然作出评判才作出了伟大的发现。但是，要想持续不断地在科学探索中作出新的发现，就必须对大自然保持某种谦虚精神。

有一次，当曾任英国首相的丘吉尔听说工党领袖艾德礼为人很谦虚时，他不无妒意地说：

“他有许多需要谦虚的地方。”

这句话用到科学家头上倒是非常合适的。对待大自然，一位科学家，无论他曾经作出过多么伟大的发现总“有许多需要谦虚的地方”!

但要长期保持谦虚精神并不那么容易。仅仅知道“需要谦虚”是不能保证一个人真正的谦虚的，似乎还应该有一定的方法、程序，保证人们时时刻刻不得不谦虚。有什么样的方法可以保证这一点呢？钱德拉塞卡提出了一个良方，他说：

“每隔十年投身于一个新领域，可以保证你具有谦虚精神，你就没有可能与青年人闹矛盾，因为他们在这个新领域里比你干的时间还长!”

这肯定是钱德拉塞卡通过自己的经历得出的体会。1935年的打击，使他不得不离开他研究了近7年的恒星演化领域，转而研究其他新领域。这种被迫的转向，想不到给钱德拉塞卡带来了意外的好处，使他终生习惯、后来甚至喜欢不断转换自己的研究领域，并且也使他明白了一个长期令人迷惑的奥秘：科学家的创造性生涯为什么远比文学家和艺术家短？

当钱德拉塞卡晚年回忆1935年的这场争论时，他似乎已经忘了当年的绝望心情，而颇为感谢爱丁顿当年给他的沉重打击（请读者注意，钱德拉塞卡和爱丁顿终生保持着亲密的友谊），使他幸运地放弃了原来的专业，下面是他的一段回忆：

“假如当时爱丁顿肯定自然界有黑洞存在，他就会使这个领域成为一个十分令人注目的研究领域，黑洞的许多性质也可能提前20年甚至30年发现。那么，理论天文学的形势将大不相同。但是，我并不认为这样对我会是有益的，爱丁顿的称赞将使我的地位有根本变化，我会很快变得十分有名气。但我确实不知道，在那种诱惑和魅力面前我会变得怎么样。”

钱德拉塞卡的体会，以及许多伟大科学家未能保持谦虚的教训，应该说是科学史中令人瞩目的事情，它会为我们带来许多有益的启示。

# 教皇在他面前跪下……

人要活到一定的年纪才会意识到生活并不公正。你所必须做到的是在你所处的环境下尽最大的努力。

——摘自《斯蒂芬·霍金的科学生涯》

我并不认为上帝在跟宇宙玩掷骰子的游戏。

——爱因斯坦

上帝不仅在掷骰子，有时还将骰子扔到了找不到它们的地方。 ——霍金

1981年梵蒂冈教皇厅科学院里，召开了宇宙学讨论会议，英国最伟大的宇宙学家霍金（Hawking S，1942— ）出席了这次会议，并在会上发表了有争议的“宇宙无边界”理论。这一理论带有明显反宗教的内涵。参加会议的各国科学家们以极大的热忱接受了霍金的理论，但教皇约翰保罗二世（John Paul II，1920—2005，1978年即位教皇）的意见会怎么样呢？虽然教皇庇护十二世曾经在1952年宣告，科学家们要学习伽利略的榜样，但宇宙无边界已经使上帝无立身之地，教皇会怎么说呢？科学家们等待着教皇的接见，在接见时教皇也许会表达的。

接见的日子终于来了，科学家和他们的配偶被邀请到教皇避暑宅邸冈多福堡接受接见。城堡很朴素，四周都是农田、小村庄。教皇在大客厅里发表了简短讲话之后，坐在平台的高椅上，由罗马天主教会的保安人员保卫着，客人们一个接一个地被介绍给教皇。按照传统的规矩，客人们在这种隆重的场合应该从平台的一边进入，跪在教皇面前，轻声交谈几句，然后从平台的另一边离开。

但是，当霍金驱动轮椅到平台一边的时候，每个在场的人都屏息静气地注视着霍金和教皇的一举一动、一言一行，他们急切地想知道，教皇对这位认为无需造物主的霍金，会说些什么。这时，人类历史上最令人惊异的一幕出现了：约翰保罗教皇离开了他的座位，在霍金的轮椅前跪下来，使他的脸与霍金的脸在同一水平线上；而且他们交谈的时间比别人都长。

“您现在正研究什么呢?”教皇问。

“我正在研究宇宙的边界条件是不是成立。”

“我希望您的研究成果能使人类更加进步和幸福。”教皇停顿了一会儿，又说：

“我对研究宇宙学的人有一个希望……”

霍金尽力地扬起他那斜靠在肩上无力的头，等待教皇的话。

“像‘世界形成的一瞬间’这样的研究，最好还是不要研究的好。”

霍金不知道如何回答，迟疑了一会儿说：

“我尽力而为吧。”

教皇微笑着点了点头站起来，掸了掸自己长袍上的灰尘，与霍金道别。霍金的轮椅就呼呼驶向了平台的另一边。据说，那天下午在大厅里的许多天主教徒都感觉受到了冒犯，他们认为教皇对霍金过分地尊敬了。更何况霍金是一个不信教的科学家，这是人所共知的事实；霍金的理论与正统的天主教教义正好对立。为什么教皇要这么垂青于霍金?

是呀，为什么约翰保罗二世要如此格外尊敬霍金呢?这其中的原因，我想读者在看了以下的故事后，也许会有自己的看法。

## （一）

世界上有些事的确很奇巧，尽管我们说不出道理。1642年1月8日，当欧洲战场上基督教徒和天主教徒还在作殊死较量时，受尽教会侮辱、迫害的伽利略（Galileo G，1564—1642）终于在佛罗伦萨市郊的阿圣翠山庄安静地闭上了双眼，愤懑地离开了人世。

这年年底的12月25日，正好是圣诞节那天，英国的科学伟人伊萨克·牛顿（Newton I，1642—1727）诞生了。300年后的1942年1月8日，当伽利略去世300年整时，另一个探索宇宙的现代伟人斯蒂芬·霍金诞生了。

霍金诞生在大学城牛津。本来，他们的家住在伦敦郊区海格特，但他的父亲弗兰克和母亲伊莎贝尔却决定将他们的第一个孩子生在牛津。这是因为那时正是英国每天晚上都遭到德国轰炸的日子，伦敦到处是断壁残垣，连他们在郊区的住屋不远处都落下了一颗炸弹，把窗子都震碎了。英、德两国政府有协议，相互不轰炸有名的大学城，英国的牛津、剑桥，德国的哥丁根和海德堡在免炸之列。

在霍金出生那天，据说伊莎贝尔不知为什么买了一本天体图的书。后来霍金成了知名的宇宙学家之后，一位亲戚对伊莎贝尔惊呼道：

“啊呀，你可真是未卜先知呀！”

当霍金两岁时，他差一点被炸死。他们那时又回到伦敦，有一天德国的V-2火箭忽然击中并毁掉了他们的家，幸亏那时他们出门有事，否则人类就少了一位最杰出的科学家。

霍金的父亲是牛津大学医学院毕业生，一直研究热带病学；母亲也是牛津大学毕业生，后来在一家医学研究机构任秘书，这工作并不让她称心，但却让她有机会认识了她未来的丈夫！由于夫妻两人都是高学历、名牌大学毕业生，因此他们的邻居除了尊敬他们以外，总觉得他们家有些古怪。比如说他们家里有许多书，而且还在不断地买；尤其是吃饭时他们一家人包括小孩，都边吃饭边看书，这在别的家庭里显然是不允许的。

霍金似乎有点笨手笨脚，但想象力却异乎寻常地丰富，而且，他的想象力转换得极其迅速，这使得他总是不能用适当的语言表达思想，于是说话显得吞吞吐吐、若隐若现，这有点像他爸爸。有人开玩笑说，霍金家的人有一种专门语言：“霍金语”。丹麦的物理学家玻尔也有这种类似的毛病。

霍金思维的敏锐、迅速，使他的小朋友们十分惊讶。他的一个小朋友迈克尔·丘奇（Church M）后来曾说：

“我感到他总是居高临下地看着我们……我意识到他的不同寻常。这不只是一般的聪明和有创造性，而是鹤立鸡群。如果你愿意，说他有点高傲也没关系，仿佛世界上的一切他都尽收眼底。”

斯蒂芬的确有些“鹤立鸡群”，他在9岁时就知道自己将来会成为一名科学家。16岁时，他和他的小伙伴们就利用钟表的零件和一部报废的电话交换机，七拼八凑地制造出一台简陋的计算机，斯蒂芬·霍金是这台“逻辑单选计算机”（LUCE）的主要设计者之一。当时计算机还是十分罕见的东西，只有某些大学和政府部门才有，所以他们的成功引起了人们的关注，当地小报还专门为此作了报道。据说这台LUCE可以“真的做一些算术题”。

这一台计算机后来被一位不知内情的学校负责人当作垃圾扔掉了。过了许多年霍金成名后，这位负责人才后悔不迭，认识到那台LUCE有很大的历史价值。

## （二）

1959年，霍金考上了牛津大学。霍金想学物理，但父亲想让大儿子像他一样学习医学，他们争论起来。霍金后来回忆说：

“我父亲要我学医，但我觉得生物学的大部分内容是描述性的，而不是充分地研究根本性的问题。也许我了解了分子生物学后会有不同的想法，但当时分子生物学还没有广为人知。”

10月，霍金接到牛津大学正式通知，他不仅被物理系录取，而且获得了奖学金。奖学金对霍金一家来说十分重要，因为一位医生的薪水要供应儿子上牛津大学这样的名牌大学是十分为难的。

霍金在牛津大学求学时，懒散而不大用功，这与当时牛津的风气有关。当时牛津大学的学生对那些十分用功而取得高分的人很看不起，还取了一个难听的名字“灰人”（grey man）来嘲弄这些学生。霍金在《时间简史》一书中曾提到此事。他写道：

“那时牛津盛行一种对学习非常抵触的风气。你要么不努力也能取得好成绩，要么就承认自己的智力有限，得一个四等的成绩。如果你学习很努力才得到了一个好成绩，会被认为是灰色人，这在牛津大学是最糟糕的一个称号。”

霍金当然不愿成为一个 grey man。幸好他智力过人，虽然懒散（据他估算，在牛津大学的三年中，他花在学业上的时间只大约 1 000 小时，也就是说平均每天才一个小时!），但他的学习成绩却着实让老师和同学们吃惊。从下面一件轶闻中可以看出这一点。

有一次，他的导师伯曼博士（Dr Berman M）给他的 4 个学生布置了 13 道物理题，要求他们在下周上课前尽量做完。到该上课的那天，其他三个学生在休息室遇见了霍金，他正在那儿坐着看一本科幻小说。

“斯蒂芬，你觉得那 13 道题难吗?”一位同学问。

"噢？我还没做呢。"

三位同学笑起来了，然后一位同学十分郑重地说：

"你最好赶紧做一下，我们三个人上周一起做，也只解出一道题。"

霍金听了这话，似乎对那 13 道题有了兴趣，真的赶紧解起来了。到上课时，那 3 位同学问霍金做得怎么样了，他说：

"我时间不够，只解出其中 9 道题。"

1962 年，霍金结束了在牛津大学的学习。考试结束的那一天，霍金与同学们高兴极了，他们决定祝贺一番。于是，牛津小城的街道上出现了许多狂饮香槟酒的大学生，他们边喝边唱边舞，还把香槟酒喷向夏日的晴空，一时交通为之堵塞。

假期，他随父亲到中东去旅游，回来以后就到剑桥大学去注册，成为夏马（Sciama D）教授的研究生。本来他想投到杰出宇宙学大师霍伊教授（Sir Hoyle F）麾下，但不知为什么却转到了夏马教授的手下。开始他颇有点沮丧，但很快发觉夏马是一位十分优秀的科学家，而且他随时可以和霍金讨论问题。

1962 年的寒假，霍金认识了珍妮·怀尔德（Jane Wilde）。珍妮有八分之一的中国血统，刚从一所中学毕业，正准备第二年秋天上大学学习现代语言。她对霍金有深刻印象：霍金谈吐机智，行为有点不同一般；不过他的过分自负，珍妮并不喜欢。但是，他们之间的友谊却进展得十分顺利。

正在霍金向光明、幸福和辉煌的未来迈进时，一场巨大的不幸铺天盖地向他袭来，几乎完全把他摧毁！

寒假期间，有一次他和母亲出门滑冰，他忽然莫名其妙地摔倒了，并且爬不起来，这样的事发生过几次以后，他只得去找医生。检查的结果，他竟然患上了“肌萎缩侧索硬化症(ALS)”，这种病在英国通常被称作“运动神经细胞症”，在美国则被称为“卢伽雷病”。这是一种不治之症，医生认为他只能活两年。医生告诉他，这种病的一般进程是，肌肉萎缩引起运动功能减退，最后导致全身瘫痪；患者说话也会因声带上肌肉萎缩而日渐困难，并最终丧失语言能力；最后，吞咽困难，呼吸肌肉受损……死亡就降临了。在这整个进程中，唯有思维能力和记忆力不受损害。

当霍金知道了这一切以后，我们可以想象他是多么痛苦，他觉得上帝对他太不公平了！为什么他年纪轻轻就非得在漫长的折磨、痛苦中悲惨地死去？为什么？可是这种问题是无人可以回答的。于是他把自己一个人关在宿舍里，靠喝酒来麻醉自己。他的精神几乎要完全崩溃了！但最终，他的理智终于拯救了他，他想：

“如果我必定将要死去，何不做些好事？”

于是他决心回到学业上来。他庆幸自己学的是理论物理学，而他的大脑不会受这种病的影响。决心一下定之后，他比以前更珍惜时间了，他甚至诅咒自己以前那么不珍惜时间。有生以来，他第一次全心全意投入了学习和研究。珍妮·怀尔德的鼓励、帮助，也是霍金转变的关键原因之一。珍妮是一位虔诚的天主教徒，宗教赋予她的强烈责任感使她决心把他从绝望、迷茫中拯救出来。一位霍金的传记作家公正地写道：

“毫无疑问，珍妮这个时候的出现是霍金生活中的主要转折点。……珍妮使得霍金能克服自己的绝望，并重新树立生活和学习的信心。与此同时，霍金继续缓慢而艰难地攻读博士学位。”

世界上最伟大的奇迹发生了：40 多年过去了，霍金不仅活到了今天，而且尽管他完全瘫痪，行动完全依赖一台电动轮椅；1985 年以后完全不能发声，只能靠计算机与人交谈，但这位世界上最严重的残疾人却成了全世界顶尖的理论宇宙学家和理论物理学家！1974 年，霍金因为黑洞辐射理论而被选为英国皇家学会会员，当时他才 32 岁，在悠久的学会历史上，他是获得这一荣誉最年轻的科学家之一。1979 年，他被任命为剑桥大学卢卡斯（Lucassi）数学教授，310 年以前，牛顿也被任命这一学衔。1989 年，霍金被授予大英帝国荣誉爵士。广大中国读者十分熟悉的《时间简史》一书，就是于 1988 年写的。

霍金的研究领域是宇宙学，这是一项需要有高深数学知识、异常丰富想象力的学者才能从事的研究，而且需要精通物理学的两门最艰深的理论——广义相对论和量子场论。霍金能以他艰苦卓绝的努力增进了人类对早期宇宙的认识，而且比任何其他人都做得更出色，这无疑使他成为 20 世纪最伟大的奇迹之一。

霍金还于 1985 年春天访问过中国。当他驾着他那著名的电动轮椅游八达岭长城时，他执意要登上最高的烽火台，甚至说他宁愿死在长城上也不愿死在剑桥。

霍金的生活，霍金的成就，使每个知道了他事迹的人都受到深深感动并激励着无数健全的人和有残疾的人，使他们勇敢地面对生活的挑战，克服一切前进的障碍，取得成功。世界上有什么事情比这更伟大，更令人心动的呢？

当然，霍金仍然是一个与其他人一样的普通人，他也会犯错误，会干一些唐突的事。他不是上帝。

## （三）

霍金主要的研究成果是关于黑洞的研究。在上节谈到钱德拉塞卡曾提到“黑洞”这个词。黑洞是宇宙空间物质存在的一种特殊形式，在黑洞处由于物质非同一般的密集，密度大得超乎人们的想象，因此引力非常之大，大到连光线都不能逃离出来。既然连光都出不来，当然就看不见它，所以称它为“黑洞”。任何东西如果掉进黑洞，就再也跑不出来了。

光线为什么逃不出来呢？因为黑洞的引力太大，当光线逃离它时，引力拉住了光，使光飞逃了一段距离后，再没劲飞了，只好再次落进黑洞。这就像我们用步枪朝天射击一样，开始子弹劲头十足地向天空飞去，但过一会儿由于地心引力的作用，子弹射到一定的高度就没劲了，只好回落到地球上。黑洞呢，引力极大，别说子弹、导弹……连光都逃脱不了它的引力作用，飞到一定距离只好乖乖地转过急弯又回到黑洞里去。这光线能飞到最远的地方如果为 $r_e$，以 $r_e$ 为半径作一个圆，这个圆的边界就称为“视界”（event horizon）。简单点说，“视界”就是黑洞的边界。黑洞越大，视界的表面积（即以 $r_e$ 为半径的圆面积 $\pi r_e^2$）也就越大。

霍金的一个伟大贡献就是关于这个圆面积 $\pi r_e^2$ 的研究。那是 1970 年 11 月，他的女儿露茜出生两周后的一个晚上，他正要上床睡觉时，他忽然想到：黑洞的视界表面积不会缩小，只能保持不变或增加。有了这条规则，一方面给黑洞的性质、行为提供了一条重要的限制，另一方面又启发人们，这视界表面积与热力学里的“熵”有很大的类似之处，因为热力学第二定律告诉我们，封闭系统的熵不会减小，只能保持不变或增大，所以热力学第二定律又称“熵增大定律”。而且奇巧的是，视界面积与熵有着同样的量纲！难怪钱德拉塞卡后来赞叹地说：

“热力学和统计物理学并没有期望从广义相对论中得出熵，然而，从这个理论得出的结果并不违背热力学和统计物理学规律。……这足以使人们对广义相对论坚信不疑了……这与它的美学基础有关。”

霍金的这一重大发现，受到当时理论物理学家们的热烈喝彩，就是霍金本人也高兴得驾着他的轮椅，在剑桥大学马路上呼啸而过，舞厅里他的轮椅也呼啦生风地狂旋。霍金后来还得意地说：

“只要你脑子里想什么就盯住不松手，就总有一天会冒出思想来的。”

这句话大概成不了什么名言，但反映出霍金的兴奋之情。过了不久，谁也没料到的事发生了，从这一新见解出发，霍金竟然一举推翻了关于黑洞的一个传统观念，而且也是理论物理学家们最钟爱的一个观念，即：“黑洞不黑！”这也就是说，有些东西（如基本粒子）可以从黑洞那里溜出来！就像基度山伯爵能从“固若金汤”的孤岛囚堡中逃出来一样。

这一划时代的伟大发现，使霍金稳稳当当地成了当代宇宙学中的顶尖人物和公认权威。可是，你想知道他的这一发现的有趣的开始吗？我们要从霍金的一次失误讲起。

开始，霍金并没有把黑洞的视界面积不变与熵增加原理联系到一起；不仅没有，而且还反对这种联系。霍金从一篇文章中得知，一位美国普林斯顿大学研究生贝肯斯坦（Bekenstein J）提出：黑洞视界的面积很可能与黑洞的熵有关联，也许这面积正好是黑洞的熵的量度。

“又是一个不知天高地厚的研究生！”霍金几乎被贝肯斯坦的意见惹恼了火，他愤愤地想道：“这位宝贝研究生也不想一想，如果黑洞的视界面积真是熵的量度，那么它也将是温度的量度。如果黑洞有了温度，热量将从黑洞流出，流向宇宙中最冷的地方（－273℃），而这意味着能量将从黑洞流失。这怎么可能呢?”

是呀，霍金怎么会不恼火呢？黑洞为什么“黑”，不就因为任何东西（当然也包括能量）都不可能从黑洞逃离吗？1973年，霍金和他的两位同事发表了一篇文章，指出了贝肯斯坦文章中的“致命弱点”：

“事实上黑洞的有效温度是绝对零度……没有任何辐射可以从黑洞放出。”

但是后来霍金才明白，错的不是贝肯斯坦，而是他自己。这真是一个十分有趣而令人惊讶的故事，而在科学史上总是一次又一次重复这种类似的故事，举不胜举。每一次总是年轻的科学家不愿被保守的传统思想所束缚，大胆向它们挑战；而每一次这种挑战，又绝无例外地会被权威和顶尖人物所反对。这样的故事在我们这本书中读者就至少可以找出几十例。当爱因斯坦提出光子假说时，普朗克说他走上了歧途；当玻尔提出氢原子假说时，劳厄赌咒说，如果玻尔对了他将不当物理学家了；当克罗尼格提出电子自旋假说时，泡利劝他把它扔进废纸篓里去……结果，每一次科学的重大进展，总是年轻人挑战、奋进，而权威老人总是充当反对角色。这似乎成了规律。现在，年龄并不大（才30岁出头）但已出了名的霍金又开始担任这个“反对角色”了。

更有趣的是，当霍金进一步的研究得出了一个数学公式，这公式十分有利于贝肯斯坦的观点，但霍金还是不相信。他仍然“有一些恼火，以后又感到好奇”。在《时间简史》中霍金对此曾写道：

“我想如果贝肯斯坦知道这点，他肯定会把这作为支持他的关于黑洞熵理论的进一步论据，而我却仍然不喜欢。”

霍金作了许多努力，想摆脱贝肯斯坦的“错误见解”，但摆脱不了。最后，霍金不得不接受贝肯斯坦的见解和他自己的数学公式给出的结论，抛弃了他自己的偏见。

承认自己错了，抛弃偏见之后，霍金获得了划时代的发现。

“失败是成功之母”，这句话真是精深的哲言。

## （四）

到1989年，《时间简史》成了全世界的畅销书，几乎所有读书人家庭的书架上都放有这本书。据估计这本书在全球至少印了1 000万册以上。于是关于这本书的逸闻趣事也多得很。我们只举一则。

有一次，霍金的朋友、俄国著名宇宙学家林德（Linde A）乘飞机到美国参加一个科学会议。他看见邻座一位商人正读霍金的那本《时间简史》，不免有点惊讶，就问道：

“你觉得这本书怎么样？”

“很吸引人，我爱不释手了。”商人说。

“这很有意思，”林德说，“我发现这本书有些地方读起来不流畅，有些地方我不能完全理解。”

商人听了林德的话，把书合上放在大腿上，然后向林德靠近，同情地笑了一下说：

“那么，让我解释给您听……”

这类趣闻收集起来怕有上百条。但是，这本书也引来了一场本不该发生的风波。这场风波是由霍金的失误和固执引起来的。

事情得从 1981 年的一件事讲起。这年霍金到莫斯科访问时，俄罗斯物理学家林德将自己在宇宙研究中的“新膨胀”理论告诉了霍金，霍金提出了一些批评和意见。林德后来按霍金的意见作了修改。莫斯科的访问一结束，霍金立即飞往美国费城，接受富兰克林学院给他颁发的富兰克林奖章。受奖后他应邀在一个关于宇宙学的讨论会上发了言，后来在讨论时，宾夕法尼亚大学的一位年轻物理学家斯坦哈特（Steinhardt P）与霍金讨论了宇宙膨胀的问题。这件事似乎就此结束，但麻烦出来了。原来霍金后来在 1988 年出版的《时间简史》一书上提到了这事，而且他不知是疏忽还是什么原因，这样写道：

“在费城讨论会上，我用大部分时间谈论宇宙膨胀问题，还提到了林德……的思想，以及我如何纠正他的一些错误。听众中有……斯坦哈特。……后来斯坦哈特寄给我一篇论文，是他和一个叫阿尔布雷克特（Albrecht A）写的，内容与林德的……思想极为相似。以后他告诉我，他不记得我曾描述过林德的思想，而且在他们自己差不多已完成论文时，才看到了林德的论文。”

当斯坦哈特看到霍金这种不负责任的话以后，十分恼怒。他知道，如果不澄清这个是非，将对他本人的名誉和事业造成极大伤害。斯坦哈特为什么恼怒呢？我们还得回到 1982 年，这年霍金在剑桥组织了一个讲习班，讲习班主要是研讨宇宙膨胀的问题。结束前，会议拟了一个“会议纪要”。当时参加会议的两位美国物理学家特勒（Turner M）和巴洛（Barrow J）看了纪要后，认为不妥，建议霍金应该把斯坦哈特的功劳写进去，因为斯坦哈特与林德是各自独立提出“新膨胀”理论的。霍金当时不赞成“分享功劳”的建议，建议要么把斯坦哈特和他合作者的名字去掉，要么引霍金—莫斯（Moss）的论文作参考资料。

特勒和巴洛对霍金这种不分青红皂白的态度很是气愤，尤其是后一建议无疑是他本人想抢“新膨胀”理论发现的头功。特勒和巴洛决定不理睬霍金的无理要求，并提醒霍金：斯坦哈特是不会不注意这一冲突的。两个无名小卒向顶尖人物挑战，是十分危险的，但他们为了公平，什么也不顾了。

其实，霍金开始的确是有点误会，以为斯坦哈特是听了他在费城的讲话，并在知道林德“新膨胀”理论之后才写了一篇关于这方面的文章，因此认为他没资格抢这一头功。斯坦哈特知道此事后，在1982年的当时就将自己的笔记本和信件寄给霍金，用以证明自己在1981年10月在费城听霍金演讲以前，就已经有了“新膨胀”理论比较成熟的想法；同时他断言，他在费城会议中绝没有听到霍金提到林德的新思想。霍金收到斯坦哈特的信以后，回信说，他完全承认斯坦哈特和阿尔布雷克特的研究是独立于林德的；他还友好地表示希望今后能够合作，并明确声称：这件事到此结束。

这是1982年的事，如果霍金做到他的许诺就什么事也不会有了。但到1988年写《时间简史》时，霍金又否定了1982年他给斯坦哈特信中允诺的一切，使读者一看就明白霍金毫不留情地贬损了斯坦哈特。斯坦哈特的气愤是可想而知的了。他不能原谅霍金这种不讲信义的背后小动作。

斯坦哈特很快受到了损害，国家科学基金会决定终止拨款给他，原因正好是霍金的那一段话。

斯坦哈特决定不得不为捍卫自己的名声而奋斗。幸运的是，他找到了1981年那一次会议的录像带，上面清楚地表明在1981年斯坦哈特就提出了“新膨胀”理论的关键思想。斯坦哈特将录像的拷贝寄给剑桥的霍金和出版社——矮脚鸡公司。几个月以后，霍金回信说，下一版本将修改那篇冒犯了斯坦哈特的文章。

但奇怪的是，霍金并没有就这件严重损害斯坦哈特的事件向斯坦哈特本人道歉，也没有公开承认自己的错误。

1988年，在美国召开的一次会议上，霍金遇见了特勒，他尴尬地问特勒说：

“你打算理睬我吗?”

“你应该进一步弥补你造成的伤害!”

后来是世界各国的许多学者向霍金明确指出他错了之后，他才显得宽容了一点。

对于这件事，《霍金的科学生涯》（Stephen Hawking，A Life in Science，1992）一书作者评价道：

“对双方而言，此事现在已经结束了。但霍金对此事的行为明显是错的。他以顽强著称，但是他的这种个性的负面效应又使他无视公平的原则。斯坦哈特因为这件事还在遭罪，毫无疑问这件事已对他的职业造成了损害，并完全不必要地引起他感情上的痛苦，他是冤枉的。不过，有莱布尼兹与牛顿之争为例，在科学史上像这样的事远不是罕见的。像霍金这样杰出的人物，使科学世界保持着活力，他们的思想和想象力使科学充满生机，但是同他们创造性的贡献并存的是，他们过于强烈的个性所带来的强烈的负面性，有时这种负面性会使人生道路背离原来的方向。”

这段评论说得好!

这使我们想起了珍妮说的一段话。珍妮在霍金最需要人鼓励、照料的时候，成了他的妻子，但在1990年两人却分了手。我们这儿不可能探讨他们分手的原因，也没有必要去探讨，但珍妮的一句话说得好：

“（我）告诉他，他不是上帝。”

是的，霍金不是上帝，爱因斯坦也不是上帝，他们只不过从上帝的肩膀上偷偷地瞄见了一点点宇宙的奥秘。

# 爱因斯坦一生中干的最大的“蠢事”

宇宙究竟是无限伸展的呢？还是有限封闭的呢？海涅在一首诗中曾提出一个答案：“一个白痴才期望有一个回答。”

——爱因斯坦 A

发现宇宙膨胀是二十世纪伟大智慧革命之一。回顾起来也够奇怪的：为什么过去没人想到这点。

——霍金 S W

爱因斯坦不是一位物理学家吗？怎么把他放到宇宙学家这一节里面来了呢？有没有搞错呀？爱因斯坦的确是一位物理学家，但是他曾经用他的广义相对论对宇宙进行过一次可以说是最大胆、也最有成就的探索。1917 年，爱因斯坦发表了他的第一篇宇宙学论文，也是广义相对论宇宙学这一领域中的第一篇论文。题目是：“根据广义相对论对宇宙学所作的考查”。时间已经过去 80 多年，但这篇开拓性论文所引进的许多概念，至今仍然极大地影响着现代宇宙学的发展。

由于下面将要讲到的原因，爱因斯坦在他的宇宙学中引入了一个“宇宙学项”，在这宇宙学项中，他引入了一个“宇宙常数 Λ”。后来，伽莫夫（Gamow G，1904—1968）在他的回忆录中曾经谈到，爱因斯坦为引入这个宇宙学项而感到后悔。伽莫夫写道：

“很久以后，在我和爱因斯坦讨论宇宙学问题时，他认为，引入一个宇宙学项是他一生中所干的一件最大的蠢事。”

但是过了几十年以后，宇宙学家们又认为，爱因斯坦引入的宇宙学项是必要的。伽莫夫大约不这么认为，因为他似乎颇为愤慨地指出：

“然而，被爱因斯坦否定和抛弃的这个‘愚蠢项’，至今还在被某些宇宙学家沿用，那个以希腊字母 Λ 代表的宇宙常数，还高昂着它那丑陋的尖脑袋，一而再、再而三地出现。”

把宇宙常数 Λ 说成是“丑陋”而且“尖”的脑袋，充分表明了伽莫夫是如何憎恶这个宇宙常数！但其他科学家并没有因为Λ是爱因斯坦抛弃了的东西，也并没有因为伽莫夫说它“丑陋”（不过Λ的“脑袋”的确有点尖），就真把它扔进了垃圾堆。例如当今剑桥卢卡斯（Lucassi）教授、世界著名宇宙学家霍金1982年在盖尔曼（Gell-Mann M，1929—　）的影响下，对宇宙常数有了兴趣，并在1982年的一次会议上，作了题为“宇宙常数和弱人择原理”的演讲。他在演讲中指出，在某种情形下，宇宙常数应该是存在的，只不过它比已知的任何其他物理常数更接近零。霍金还特别指出，尽管我们可以使光子的质量为零，但我们没有相同的理由使Λ的数值等于零。

Λ的尖脑袋似乎不“丑陋”了，它又一次昂起头来！这使我们想起了爱丁顿，他一直认为宇宙常数是不可缺少的，他曾经预言道：

“Λ＝0是不可能的，这暗示着回复到不完全的相对论，这与回复到牛顿理论一样，用不着思考。”

那么，爱因斯坦到底是不是犯了一个毕生最大的错误呢？他为什么认为自己犯了错误？而许多著名的科学家却又认为他并没有犯什么错误，这是怎么一回事呀？

这的确是一个极有趣味的案例。这里充满了几乎看不出来的陷阱和“陷阱”；误区和“误区”简直是真假难分。大约我们唯一有把握说的话是：我们现在所阐述的一切，仍然没有把握说它到底是对还是不对。如果读者能因此对Λ产生了兴趣，并于若干年或几十年以后提出某种新看法，那么这个案例就算没有白写了。

（一）

牛顿力学建立以后，宇宙结构的早期模型基本上被淘汰了。早期宇宙模型，无论是中国古代的或古希腊的，几乎都认为宇宙是“有限的、有边界的”。但这种模型立即会引出一个令人困惑的悖论：“有限有界”就意味着存在“边界以外的”宇宙，而“宇宙”本身就是“囊括一切”的，没有什么东西能在宇宙之外。这样，既认为宇宙囊括一切，又认为有边界而承认宇宙还有“宇宙”之外，这也就是说宇宙并不“囊括一切”，这不是一个致命的相互矛盾的难题吗？

但在古代，这个问题倒是可以有解决的办法的，那就是把“边界以外”的部分划分到科学研究范围之外，那儿是上帝或者是玉皇大帝统治下的天堂。但到了近代科学兴起以后，这种“天界”的说法当然不能再滥竽充数了。为了解决上述的难题，于是牛顿和莱布尼兹主张宇宙是无限的。1692 年，牛顿在给本特利（Bentley R，1662—1742）写的一封信中，对他为什么将宇宙当作一个到处充满物质的无限容器作了解释，他写道：

“如果我们的太阳、行星以及所有宇宙中的物质都均匀地分布在天空中，而且每一个物质粒子都有一种固有的引力作用在其他物质粒子上，在这种情形下再假定散布物质的空间是有限的，那么这些物质将由于万有引力的作用向内聚集，最后会聚在空间的中心，形成一个大的物质球体。但是，如果这些物质均匀散布于一个无限的空间，它们就不会聚集成一团；这时，它们将形成不同的团块。在无限的空间有无限多的团块，它们之间相距极远。”

这也就是说，牛顿认为无限空间里有无限数量的恒星，它们均匀分布在整个宇宙空间，于是宇宙中的物质就不会因为万有引力而“最后会聚在空间的中心”，由此避免了一个巨大的困难。这的确是很有吸引力的设想。这时不存在什么引力中心了，每一颗恒星在各个方向上受力相等，没有任何一个方向受力大于另外某个方向，于是“静态宇宙”得以稳定下来；从总体上看，宇宙是静态的。“宇宙是静态的”，这是自古以来人们对宇宙的传统看法，而且这种看法与日常生活经验也十分相符，我们生活中谁也没有感觉到宇宙不是静态的。

但是，这种宇宙模型有一个很大的缺陷，那就是如果“无限空间”有“无限数目”的恒星，则空间任意一点的引力将会趋向无限大，空间任何一点将会十分明亮，不会存在黑暗。哈雷（Halley E，1656—1743）早在1720年就提出了这个问题。他在一篇文章指出，如果恒星数量是无限的，那么黑夜就不复存在，任何地方都应该非常明亮。后来，德国天文学家奥尔勃斯(Olbers H W M，1758—1840）在1823年又提出了相似的问题，并被称为“奥尔勃斯佯谬”。

由于以上原因，牛顿只好认为宇宙是无限的，而有限的星体分布在有限空间里。

与牛顿同时代的德国哲学家和数学家莱布尼兹（Leibniz G W，1646—1716）则坚决主张，星体一定均匀分布在整个无限的空间，即无限的空间中有无限数量的恒星。理由是，如果恒星部分有限，则物质宇宙仍然有界；于是问题又回复到古代的老问题上去了。

这两种不同的意见，他们谁也说服不了谁。其间原因很简单，因为他们双方都无法摆脱纯思辨的思考方式，而每一方对于对方只能用“否证”的办法。康德（Kant I，1724—1804）则采取了一种几乎是滑头的办法，试图把这个争论当作一个根本用不着争论的问题。因为，宇宙既不能有限，也不能无限，这是一个“空间的二律背反”的问题。也就是说，康德采取了海涅的相同的看法：这是一个“白痴”的问题，用不着争论。

但物理学家并不那么轻信哲学家的看法，更不用说诗人的话了。

到19世纪90年代中期，德国天文学家诺依曼（Neumann C G，1832—1925）和希利格（von Seeliger H，1849—1924）对牛顿的宇宙模型提出了一个新的想法。既然牛顿模型采取了在无限空间中的有限空间里分布有限星体的观点，那牛顿就又回到了原来试图避开的困难之中：由于引力作用，宇宙会收缩。为了避免收缩，诺依曼和希利格提出：无限空间应该保留，恒星也是有限的，但在引力方程里加入一个“宇宙项”：ΛΦ。这一项也称为“斥力项”。有了斥力的存在，宇宙收缩的可能性就可以被防止了。宇宙项中的Λ，就是宇宙常数（cosmological constant）。

但“有限分布”就意味物质“宇宙有界”；这个困难诺依曼和希利格可就顾不上了，而且他们也根本无法解决这一古老的难题。

到1917年，似乎出现了解决问题的一线曙光。

（二）

爱因斯坦在1916年刚刚提出了广义相对论之后，立即转向了宇宙学，开始探索这个只有“白痴才期望有一个回答”的难题。爱因斯坦为什么突然对宇宙学有了兴趣呢？这有两方面的原因，一是他对“自然界的神秘的和谐”总是怀有一种“赞赏和敬仰的感情”，二是因为广义相对论本身的需要。

我们知道，广义相对论是一种不同于牛顿万有引力理论的理论，它们之间在基本概念上有本质上的不同。但是，在绝大部分情形下，由于引力场非常微弱，它们之间的差别非常微小。这时，广义相对论的最低一级的近似与牛顿引力理论完全等价，牛顿引力理论足以解决宇宙学中的大部分问题。虽然当时有几个相对论效应，例如引力红移、光线弯曲和水星近日点进动……在广义相对论的第一级近似中能够表现出来，而且由于这几个效应的实验证实，对广义相对论得到公众的确认起了非常重要的作用，但是，它们并不足以显示出这两个引力理论之间本质上的巨大差别。只有在强引力场中，两个引力理论之间深刻的和本质的差别，才能清晰地表现出来。但强引力场在哪儿呢？远在天边，近在眼前，我们生活在其中的宇宙就是一个强引力场。也就是说，唯有宇宙可以充分显示出广义相对论的力量，可以使牛顿的引力理论的弱点充分暴露出来。

当爱因斯坦开始瞩目于宇宙学时，已经有许多观点，它们似乎与牛顿引力理论相符，而且也与日常经验也相符，其中有：

①宇宙的空间是无限无边的；

②宇宙的物质内容是有限的；

③物质在整体上是处于“静态”的；

④如诺依曼所说，排斥力（即宇宙常数）可以引入到引力理论之中。

除此而外，还有“马赫原理”等纯思辨性观点的存在。这些思辨性观点当然会影响爱因斯坦的思路。不过爱因斯坦在构造他的宇宙模型时，可能考虑得更多的是使他的理论符合日常生活的经验。美国波特兰大学雷依（Ray C）的看法很有道理，他说：

“爱因斯坦的确出于经验的动机，才引入了宇宙常数的。”

其中第①条，广义相对论已经给出了完全不同于以前的回答。我们知道，广义相对论所需要的空间是“黎曼空间”，而不是牛顿的“绝对空间”；在黎曼空间被人们发现以前，人们的观点是：有限必定有界，有界必定有限；无限必定无界，无界必定无限。但黎曼（Riemann G F B，1826—1866）在1854年第一次指出：宇宙可以是“有限无边的”。

黎曼几何的重要意义还在于：我们终于可以用实证的方法、而不是纯思辨的方法，来研究康德所谓有限无限空间是不能研究的问题。原来，有限无限问题是可以研究的，而且按黎曼理论，空间的有限与无限由空间曲率决定，而后者在原则上是可以测量的。

爱因斯坦的广义相对论所描述的空间，正是黎曼几何决定的空间。因此，对于爱因斯坦的引力理论来说，宇宙是“有限无边”的，这就将几千年来争论不休的“有限即有边”的难题解决了。在这方面，爱因斯坦的宇宙学少了一桩令人不安的问题。但是，在其他方面，爱因斯坦的宇宙所面临的问题，与牛顿的宇宙几乎一样多。其中一个最重要问题是：“这个宇宙在整体上说是不是静态的?”在这一点上，爱因斯坦接受了传统和日常经验给他的直觉：从整体上看，宇宙是静态的。但他的引力方程和牛顿的引力方程一样，只有引力项，因而也无法避免宇宙的收缩这一困难。好在有诺依曼和希利格的先例，于是爱因斯坦将他的引力方程也引入一个宇宙项，也就是说加了一个宇宙项 $\Lambda g_{\mu\nu}$。其中的 $\Lambda$，就是伽莫夫深恶痛绝的“尖脑袋”——宇宙常数。

开始，爱因斯坦也不喜欢这个“尖脑袋”，因为引进了这一项后，原来的方程在美学上显示的魅力在一定程度上受到了损害。但是，不加上这一项，他在试图求解原方程时，发现宇宙将不是“膨胀”便是“收缩”，二者必居其一。这时，爱因斯坦不相信自己的方程式了，他决定相信天文学家们观测的结论，即：宇宙中的星体中虽然有存在和消亡的过程，以及还有大量的无规则运动，但在整体上（即大尺度上）宇宙仍然是静态的。在他那个时代，人们还无法相信宇宙会膨胀或收缩。因此他只能够像诺依曼和希利格那样，引入一个“反引力”（即斥力）的宇宙项。

这个反引力与其他以前人们熟知的力（如万有引力、电磁力……）不同：(1) 其他的力都有“源”，例如万有引力来自地球、太阳、石头……大师的这个斥力没有任何特殊的“源”，它被纳入“时空本身的结构之中”；(2) 其他力的大小都是和两个相互作用物体之间的距离成反比，距离越大力就越小，但这种斥力却随两物体之间距离增大而增大；(3) 其他的力都与两个相互作用的物体相关，但这种斥力只取决于其中一个物体的质量。

由此看来，这种斥力实在让人大惑不解。尤其是它的“无源性”，在当时可以说是根本无法让人接受。但正如伽莫夫所说：

“只要能拯救宇宙的稳定性，怎么干都行!”

1917年2月，爱因斯坦终于大胆地在《根据广义相对论对宇宙学所作的考查》一文中，提出了自己的广义相对论宇宙学。这篇文章，无论其中还包含多少问题和困难，但作为一种理论体系，它标志着物理学又翻开了新的一章。爱因斯坦是勇敢无畏的，他不愿意承认为宇宙建立一个整体的动力学理论根本不可能，并因而放弃希望。他不愿意放弃努力，在文章中他写道：

“我必须承认，要我在这个原则任务上放弃那么多，我是感到沉重的。除非一切为求满意的理解所作的努力都被证明是徒劳无益时，我才会下那种决心。”

但这一次他不像以前提出狭义相对论和广义相对论那样有把握。一方面可能是因为有斥力项的方程不简洁、不和谐、不美丽，另一方面可能是因为这个斥力太古怪，令他不大放心。1917年2月将文章提交给普鲁士科学院的前几天，他在给好友埃伦菲斯特（Ehrenfest P，1880—1933）的信中写道：

“我对引力理论又在胡言乱语地说了些什么，它快要使我处于进疯人院的危险境地了。”

后来事态的发展，似乎说明他的担心不无道理。

## （三）

爱因斯坦的论文发表后不久，苏联数学家弗里德曼（Фридман А А，1888—1925）从纯数学角度研究爱因斯坦的论文时，发现爱因斯坦在证明的过程中犯了一个错误。当爱因斯坦在用一个比较复杂的项除以一个方程式的两端时，他大约没有注意到这个项在某些情形下有可能等于零。而不允许为零的量除等式两端，这是每个初中学生都十分清楚的。但是爱因斯坦这次却疏忽了，这样，爱因斯坦的证明当然就靠不住。

弗里德曼立即意识到，一个全新的宇宙观正好在这儿呼叫着自己诞生的权利。经过一番紧张的研究，弗里德曼确信：爱因斯坦在1916年最初提出的引力场方程是完全正确的。这个方程预言宇宙将随时间而膨胀、收缩；爱因斯坦为了保证宇宙的静态而违背初衷，加入一个宇宙项，真是画蛇添足，造成一个可悲可叹的错误。

弗里德曼将自己的发现写信告诉爱因斯坦，据说爱因斯坦没有给他回信。后来，弗里德曼又托列宁格勒大学物理教授克鲁特科夫（Крутков Ю А，1890—1952）向爱因斯坦面谈他的发现；克鲁特科夫这时正好要去柏林访问。据伽莫夫回忆说，爱因斯坦终于给弗里德曼回了一封短信，“虽然语气有点粗暴，但却同意了弗里德曼的论证”。

1922年，弗里德曼在德国《物理杂志》上发表了他的论文。在论文中，他证明爱因斯坦原来的引力方程，允许存在一个膨胀着的宇宙。弗里德曼的预言可以说是科学史上最伟大的预言之一，它开创了宇宙学一个崭新的纪元。一方面是因为它预言的范围涉及整个宇宙空间，另一方面它第一次打破了一个亘古以来的传统观点——宇宙在大尺度上是静态的。

爱因斯坦读了弗里德曼的论文之后，他认为弗里德曼的论文中有错误，就立即给编辑写了一篇短文，批评了弗里德曼的文章，并登在接着的一期《物理杂志》上。但弗里德曼立即看出，爱因斯坦的批评又有错误，于是他又对爱因斯坦提出了反批评。1923年，爱因斯坦在一篇短文中，撤回了对弗里德曼文章的批评，表示赞成弗里德曼提出的模型。但是，直到1931年爱因斯坦才正式承认："宇宙项在理论上是无论如何也不令人满意的"，并表示不再提及这个"愚蠢项"。

从1917年前后的知识背景来看，爱因斯坦引入一个宇宙常数以保证宇宙在大尺度上是静态的，这肯定是一个错误。爱因斯坦在年轻时，以不轻信任何先验自明的概念而令人叹服。他曾说过：

"物理学中没有任何概念是先验地必然的，或者说是先验地正确的。"

但是，任何人也不能保证自己永远不会陷入先验概念设下的误区。爱因斯坦虽然在1917年2月文章发表之前，也发现他的引力方程会得出膨胀和收缩解，但是受传统静态观的影响，迫使他放弃这种可能的解，而引入一个宇宙常数 Λ，以保证宇宙是静态的。

于是，爱因斯坦终于干出他终生最大的一件“蠢事”！

这以后，又有许多意想不到的事情发生，宇宙常数的命运又几次沉沦、几次兴旺，但那已经不属于我们这篇文章所能包括的了。

# 后　记

本来没有打算写后记，但是最近看了卡尔·萨根（Carl Sagan)写的《魔鬼出没的世界》（The Demon-Haunted World-Science As a Candle in the Dark）以后，觉得还是应该写一个，以讲明本书写作后的许多思考。

让我从 1985 年讲起。现在人们思想解放的程度与 1985 年相比，那是不可同日而语的了。有些事说起来，现在的人可能已经感到陌生、惊讶。比如说“犯错误”，这在当时是一件非常可怕的事情。如果说某某人犯了错误，那就意味着这个人将要失去一切：前途、地位、饭碗……甚至他（她）的妻子（丈夫)、儿女。当然，这儿说的“错误”主要是“政治错误”，但是由于那个梦魇般的时代总是强行把一切错误往政治上拉，所以哪怕是科研中的错误也会玩魔术般地成了政治上的错误。于是任何人一谈到错误就谈虎色变、心惊胆战。久而久之人们对于“犯错误”有了一种变态的认识：害怕谈错误；再加上中国人特有的“面子观点”，对于任何错误总是讳莫如深，不敢或不愿涉及。于是研究错误，无形中成了一个禁区。有一次，我看见著名的科学哲学家波普尔在一本书上说，他十分想到中国来实地了解一下：为什么中国人害怕谈自己或别人的错误。看了这一句话以后，我感到十分羞愧和难受：难道到了 20 世纪 80 年代，我们中国人还不明白错误只是成功路上的一个必然阶段？英国的化学家戴维说过，“我的那些最重要的发现是受到失败的启发而获得的。”这已经是科学史上无人不知的名言，难道我们还不知道？

于是我写了一本《杰出物理学家的失误》，由华中师范大学出版社于 1986 年出版了。那本书的中心思想就是想说明一个“常识”：如果一个人从来没有做过一件错误的工作可以算是一个科学家认真负责的话，那也可以简单地证明这位科学家缺乏勇气和首创精神。

没有想到的是，这本书出版以后立即受到了广泛的好评，接连获得了几个奖。其实我个人想，这本书只不过讲明了一个极普通的常识，想让人们在长期压抑的情况下透一口气。如此而已，岂有他哉！

去年华中师范大学出版社希望我再写一本有关科学家的失误的书，但要求扩大到其他科学领域，如化学、生物学……我开始觉得不必再写了，写了一本就够了，何必画蛇添足，多此一举。但出版社的张小新主任和严定友编辑的热情盛邀，使我最终答应了他们的要求。由于人们对于“错误”已经有了比较正确的认识，我就不想再写一个后记，认为该说的话在前一本书的后记中已经说过了。但是卡尔·萨根的几句话使我大受启发，觉得实在有再说几句话的必要。

卡尔·萨根在他的《魔鬼出没的世界》一书中，主要批判伪科学，认为伪科学在美国已经成了“魔鬼”，经常出现在各种报纸、杂志、书籍、电视……，严重危害了社会的正常秩序、科学的正常发展。如何区分什么是科学，什么是伪科学呢？卡尔·萨根说了一句让人醍醐灌顶的话。他的话有点长，但的确值得引用。他说：

“……在新世纪即将到来之际，我对于迷信伪科学似乎一年比一年更具有挑战性而倍感忧虑。”

关于伪科学和科学之间的重大区别，萨根提出了一个非常有价值的区别方法。他说：

“科学就是在改正一个又一个的错误的基础上发展起来的。科学经常会得出不正确的结论，但是，这些结论不是最终的，而是暂时的。科学家总是先设立假设，然后再去确定其正确与否。任何假设是否能最后证实是可行的，完全要依靠实验和观察。科学经过探索和曲折，才逐步加深对事实本身的了解的。当一个科学假设被证实是错误的时候，任何想秘而不宣的做法毫无疑问是十分有害的。因为这种假设的反证被认为是科学事业的核心。但是伪科学却恰恰相反。伪科学的假设是经过精心设计的，以防任何能够提供反证的实验，因此，……伪科学的实践者采取防守战略，谨慎小心。他们激烈反击对他们的论点表示怀疑的任何调查和研究。当他们的假设经不住科学家的调查和质问的时候，他们就会策划出压制科学家的意见的阴谋。”

萨根进一步分析说：

“科学与伪科学之间的严格区别可能就在于，与伪科学相比，科学对人类的不完美性和犯错误的不可避免性，具有深刻得多的认识。如果我们坚决拒绝承认人是必定会犯错误的这一基本常识，我们就一定会永远犯错误，而且是严重的错误。但是，如果我们能够有一点自我评价的勇气，无论这种评价会获得多么令人沮丧的结果，我们获得成功的机会就会大大增加。”

由萨根的意见看来，我写的这本书就又有了一层新的意义：它可以有助于提高我们对于伪科学的识别能力。而当前在我国伪科学可以说猖獗到了几乎令人惊讶和愤怒的地步。如果我的这本书真是有益于对伪科学的批判，那真是我求之不得的了。萨根下面的一句话更使我备受鼓舞：

“如果只讲科学的发现和成果，无论这些发现和成果是多么有用，甚至令人鼓舞，但是，如果我们不向每个公众说明科学严格的研究方法，人们又怎么能够分辨出什么是科学什么是伪科学呢？”

很幸运的是，当我在研究杰出科学家的失误的时候，我不得不花费相当多的笔墨去研究科学家的研究方法，因为只有这样我们才能弄清他们犯错误的原因。因此，我似乎很有理由相信，我的这本书在目前出版十分有益于反击我深恶痛绝的伪科学。

幸甚！

我应该感谢华中师范大学出版社的张小新、严定友，如果不是他们的鼓励和督促，恐怕这本书就没有机会与大家见面；我还应该感谢詹琴，是她不惜劳苦把我那潦草的手稿打成了整齐、美丽的打印稿。最后，我热忱地希望读者和各方面的专家对本书提出宝贵的意见。

杨建邺于华中科技大学宁泊书斋

2016 年 11 月 30 日